歴史文化ライブラリー
611

日本ファッションの一五〇年

明治から現代まで

平芳裕子

吉川弘文館

目　次

ファッションから読む日本――プロローグ

服を知る

私たちは日々服を着て生活している。その服は、「洋服」と呼ばれることもあれば「ファッション」と言われることもある。そもそも洋服もファッションも西洋からやってきたものであり、かつての日本人は日常的には「着物」を着ていた。それでは、いつどのようにして、日本人は着物から洋服へ、あるいはファッションへ着替えたのだろうか。

この問いはシンプルであるが、答えはそう単純ではない。というのも、日本社会の支配層と被支配層、あるいは男性や女性、大人や子どもなどの違いによって、西洋の衣服を取り入れた時期は異なるからである。そして、服は着替えるものであるから、一日のうちに洋服と着物の両方を着ることもできる。そのため、人々の服装の変化をたどるには、社会集団における差異、個人の生活習慣も見逃さないように注意しなければならない。では、それぞれの衣服の歴史的な変化を追うことで、現代の私たちは自分自身が着ている服について、より多くを知ることができるのだろうか。

着物から洋服へ

日本の人々の服装が着物から洋服へと変化する道筋は、「洋装化」の歴史と呼ばれている。この歴史が対象とする時代は、主に幕末・明治から第二次世界大戦後、すなわち西洋の服装が日本で知られるようになり、戦後に多くの女性たちが洋服を着るようになって、洋装化がほぼ完成されるまでの時代である。しかし戦後から私たちが生きているこの現代までも、すでに相当な時間が経過している。そこで、第二次世界大戦後の洋服が普及した社会のなかで、どのような流行が生み出されたのかを記す本が、近年ファッションの歴史としてさかんに出版されるようになった。

しかし、戦前に『ファッシヨン』という名の雑誌が存在していたように、戦後に突如ファッションが生まれたわけではないし、戦後のファッションも依然として洋服には違いない。そもそも明治時代の日本へ流入したのは、西洋のファッションである。それではファッションとは何なのだろうか？

ファッションとは何か

「ファッション」とは字義的には「流行の服」のことを指している。広辞苑には「はやり。流行。特に、服装・髪型などについていう。また転じて、服装」とある。とはいえ、この言葉はもともと英語の“Fashion”であるから、念のため英英辞典も調べてみると、ほぼ同様の意味が出てくる。ただ、私たちは英語の「ファッション」を日本語に訳すことはしない。「このファッション、かわいい」と言えば済むものを、わざわざ「この流行の服、かわいい」と言うのは、なんだか説明的である。それほど日本語に馴染んだ「ファッション」という言葉であるが、意味が同じだから訳さないのではなく、むしろもともと日本にはなかった概念であるから訳せなかった、という方が妥当だろう。

意味の変化

かつて社会学者のノルベルト・エリアスは、言葉の意味が変化するのは、言葉をめぐる人々の生活が変化したからだと述べたが、「ファッション」は歴史とともにその意味を変化させてきた言葉である。ここで「ファッション」という言葉の意味の変化を少したどってみよう。

この語はラテン語の“factio”に由来し、一四世紀には「つくり」や「型」を意味しており、語形も現在とは異なっていた。ところが一六世紀から一七世紀にかけて、「作法」や「習慣」を意味するようになり、一八世紀以降に「流行」という意味を獲得していった。

そして、言葉の意味が変化していく過程では、西洋の人々の身体をめぐる習慣の変化が実際に起きていた。「ファッション」が「つくり」や「型」を意味していた一四世紀には、西洋の服装に一定の形やスタイルが見られるようになる。そして貴族社会が発展した時代には、豪華な服飾を身につけることが特権的な立場の表明となり、上流階級の「服の着方」や「身のこなし」など、「ファッション」は礼儀作法や身体習慣を示すようになる。

ところが近代の市民社会では、商業経済の発展とともに、定期的に新しい商品としての衣服が生産され、「流行の服」が生まれた。すなわち、私たちが想像するファッションは西洋近代の産物であり、西洋社会における政治・経済・産業の仕組みと切り離せない。ではそのようなファッションは、日本にどのように受容されたのだろうか。

ファッションを読む

本書は、西洋のファッションが日本へいかに移入され、人々の思考や行動に変更を迫りながら日本の社会に普及し、衣服をめぐる生活に適用されて、ひいては日本独特のファッション文化を形成するにいたったのか、その歴史を明らかにするものである。よって本書は、江戸時代以前の衣服の歴史をその範囲に含むものではないし、あるいは明治以降の洋装や着物の変化を網羅的に解説することも意図していない。本書が注目するのは、日本の洋服やファッションが時代ごとにどのように変化してきたのかというよりも、日本が西洋のファッションを洋服として取り入れるにはどのような問題や理由があり、それらがどのように解決・克服され、日本独特のファッション文化を形成・発展させるにいたったのかということである。

本書は、「ファッション」という観点から日本の近現代一五〇年の歴史を読む試みであるが、日本のファッションが西洋ファッションの受容をきっかけとして誕生したかぎり、その歴史は、日本のファッション史そのものであるとも言える。

不遇な「ファッション」

ところで「ファッション」は、学術的な研究対象としてはしばしば軽視されてきた。現在でもその傾向が完全に消えたわけではない。その理由は、本論でも触れるように、西洋の近代社会においてファッションが女性的なものとして発展したことにあり、なによりもファッション自体が、「流れ行く」現象とみなされてきたことにある。はかなく移ろう流行はいっとき人々を魅了して消費されるにすぎず、学問的探究に値する不変の真理ではないという暗黙のうちの偏見が、学界に醸成されてきたようである。

しかし、それならばなぜ先人たちは、西洋の人々の装いを目の当たりにしたときに、それを模倣しようとしたのだろうか。自分たちがそれまで伝統的に着ていた衣服を脱ぎ捨ててまで、別の国家や民族の衣服を取り入れる必要があったのだろうか。しかも、それはただ着替えれば済む、というものではない。異文化圏の衣服を取り入れるためには、それを生産する技術を獲得し、着る方法と取り扱いの知識を身につけ、着用に伴う作法や生活習慣も変えなければならない。さまざまな不便や努力の必要性があったにもかかわらず、なぜ日本人は西洋のファッションにならおうとしたのだろうか。その理由を考えることは、現代の私たちが日々身につけ、自明のものとみなしているファッションを見直すことでもある。

近代の精神

日々の暮らしのなかでファッションを選ぶとき、西洋近代の歴史や社会にわざわざ思いを馳せる人はいないだろう。しかし重要であるのは、私たちはファッションを身につけることによって、「服には流行がある」という考えを支持しているということである。私たちが着ている服は必要に迫られて買ったというよりは、自分の好みやその時の気分で手にしたものに違いない。毎年のようにおしゃれなアイテム、トレンドのカラー、新しいスタイルが登場するので、私たちは今着ている服をなんとなく古びたものと感じてしまい、着替えたくなる。私たちは「服に流行がある」ことを不思議に思わないが、それはファッションの前提だからであり、この「新しいもの」を貪欲に取り入れようとする態度こそが、西洋近代で培われた精神なのである。

それではこれから、私たちの時代のファッションが、どのように日本の社会にもたらされ、発展してきたのかを見ていこう。

現代ファッションの源流をたどる

明治前期〜中期（一九世紀後半）

西洋との対峙――軍服の移入

外国の衣服

歴史を遡るならば、日本へ外国の衣服がやってきたのは明治が初めてではない。奈良時代には唐の制度にならう衣服が用いられていたし、一六世紀後半のスペイン人やポルトガル人がもたらした衣服は「南蛮服」と呼ばれ、豊臣秀吉はビロードのマントを着用したと伝えられる。

しかし、これら諸外国の衣服が一部の上流階級への影響にとどまったのに対し、幕末から明治時代にかけてもたらされた「洋服」は、その後のすべての日本人の装いを完全に変えてしまった点において、比べようのないインパクトを有していた。しかも、それは一挙に行われたのでなく、長い時間をかけてあらゆる人々の服装を多様に変化させていったのである。それでは、洋服はどのように知られるようになったのだろうか。

列強諸国の進出

一七世紀初頭より約二六〇年続いた江戸時代には、幕府のいわゆる鎖国政策によって、一部の国を除く外国との交流や貿易が制限された。そのため国内的には伝統文化や生活習慣が温存され、当時は「小袖《こそで》」と呼ばれた着物を中心とする服飾文化がおおいに発展した。

しかし日本が国際的にほぼ孤立した状態にあったこの時代に、西洋諸国は近代国家への成長を着実に遂げつつあった。一八世紀にはフランス革命が勃発し、イギリスでは産業革命が起こり、それらの影響はヨーロッパを超えてアメリカにまでに及んだ。列強諸国が世界での覇権を争い、植民地の獲得のためにアジアやアフリカへと進出を始め、一八世紀後半から一九世紀前半には日本の近海にまでロシアやイギリスの船が出没するようになった。

図１　マシュー・ペリー（1856–58年.メトロポリタン美術館コレクション）

幕府は当初、外国船の受け入れを固辞するが、一八五三（嘉永六）年、アメリカ東インド艦隊司令長官ペリー（図１）率いる四隻の軍艦が、日本との交易を求める大統領の親書を携え来航したことで事態は一変した。蒸気を動力として自走し、多数の大砲を装備した軍艦を前にして、西洋諸国の軍事力は目に見える脅威となった。近代的な武器と機能的な軍服を備えた外国の兵士たちに対抗するために、幕府や諸藩はまず沿岸地域の警備を強化し、港の警護にあたる藩兵の服装を改良する必要に迫られた。そこで用いられるようになったのが、筒袖《つつそで》や段袋《だんぶくろ》といった衣服である。これらは細身の作りという点で洋服的要素をもつ和服であったが、その特徴を理解するために、まずは和服と洋服の違いを見ておこう。

和服と洋服の特徴

小袖や羽織《はおり》、袴《はかま》など日本の伝統的な着物は、布の形状を活かして作ることに特徴がある。反物《たんもの》の長さと幅を利用して、生地を直線的に裁断し、ほぼ長方形の布地を縫い合わせる。布の余りは切り取らずに、折りたたんで紐《ひも》で留めたり、帯のなかにしまい込んだりして、全体的な形を整える。つまり、布地を豊かに用い、衣服と身体の間にゆとりがある反面、着崩れしやすかったり、手足の動作の邪魔となったりすることもある。そのため和服は、激しい運動にはあまり向いていない。

一方、西洋の衣服は、人間の体の形に即して作られる。体はあちこちカーブしていて曲面からなっているため、布地も曲線的に裁断する。人間の胴体から細長く伸びる四肢も、手足の形に沿うように布地を裁断し、曲面を覆うように筒形に縫製する。体の形にフィットするように衣服が作られるので、身体の動きを妨げることもない。つまり、洋服は機敏な動作に向いた衣服であると言える。

洋服の優位

このように活動的な軍服を身につけた西洋人と対峙するとなれば、江戸時代の武士は服装からして不利であるのは明らかだった。それゆえ、手足の動きを妨げないような筒袖の上着、また袴の膨《ふく》らみを抑えて細めにした段袋が採用されたのである。こうして、いまだ和服とはいえ、洋服的な要素が軍服に採用されるようになった。

そしてこの事実はこの後の日本のファッションの歴史において、重要な示唆を含んでいる。それは、洋服の導入のきっかけは、列強諸国との対外的な関係において必要に迫られたものであったこと、また和服が改良されたことによって、当時すでに西洋の衣服の利点が理解されていたということである。つまり、活動性や機能性において、「洋服」の方が優れていることを、日本人は当初から認めざるをえなかったのだ。

洋服商の開業と羽織袴の日本人

ペリーは翌一八五四（嘉永七）年、前年の倍近くの七隻の軍艦を率いて、再び来航した。それまで限られた国としか交流がなく国際法に疎かった日本は、不利な条項が含まれた日米和親条約を締結し、下田《しもだ》と箱館《はこだて》の二港を開き、アメリカ船への物資の供給を認めた。そして一八五八（安政五）年の

図2　1868（明治元）年の伊藤俊輔（博文）（光市伊藤公資料館所蔵）

日米修好通商条約によって、横浜と長崎でも開港し、その後、イギリスやロシア、オランダ、フランスとも条約を結び、本格的に西洋諸国との貿易が開始された。

以来、交易のために西洋の人々が来日し、開港場には綿織物や砂糖などの一般商品、武器や弾薬などの軍需品とともに、洋服を輸入する商店が開業しはじめた。また洋服の仕立てを請け負うテーラーが横浜や神戸で開業し、明治初期には各店で修行を積んだ日本人が独立して新たに店を構えるようになった。当時の西洋人は、母国の生活習慣や文化様式をそのまま日本でも再現しようとしたため、これらの商店が扱ったのは主に外国人のための生活必需品であり、いまだ多くの日本人は和服を着用していた。

一八六八（明治元）年三月には、江戸幕府に代わる明治政府によって「五箇条の御誓《ごせい》文《もん》」が発布され、天皇が神に誓う形で新政府の基本方針が示された。この年に撮影された一枚の写真には、のちに内閣総理大臣となる伊藤博文《いとうひろぶみ》（俊輔）が写っている（図2）。伊藤は刀を腰に差し、ボリュームのある袴と草履《ぞうり》をはいており、まだ完全な和服姿である。また、神戸の街と沿岸を警護する市兵隊の姿を写した写真も残っている（図3）。丁髷《ちょんまげ》に羽織袴の者もいれば、西洋式の上着であるフロックコートに帯刀し、髷を結っている者もいる。羽織袴を脱げばすぐに洋装ができるというわけではなかったのだ。

図3　市兵隊幹部の肖像（1868〈明治元〉年．『日本洋服史』日本洋服史刊行委員会編刊，1977年）

軍服の制定と散髪脱刀令

当時の成人男性は、頭髪を額側から頭頂部にかけて剃《そ》り上げる「月代《さかやき》」にして、側頭部の髪をまとめて髷に結っていた。そして、武士であれば刀を二本差しにして、鼻緒《はなお》で固定する草履を履物としていた。たとえ西洋式の靴にはき替えたとしても、武士という身分の証である腰挿《こしざし》の刀は手放しがたく、髪の毛は一度切ってしまえば元に戻すのに時間がかかる。洋服を調達することができたとしても、洋服にふさわ

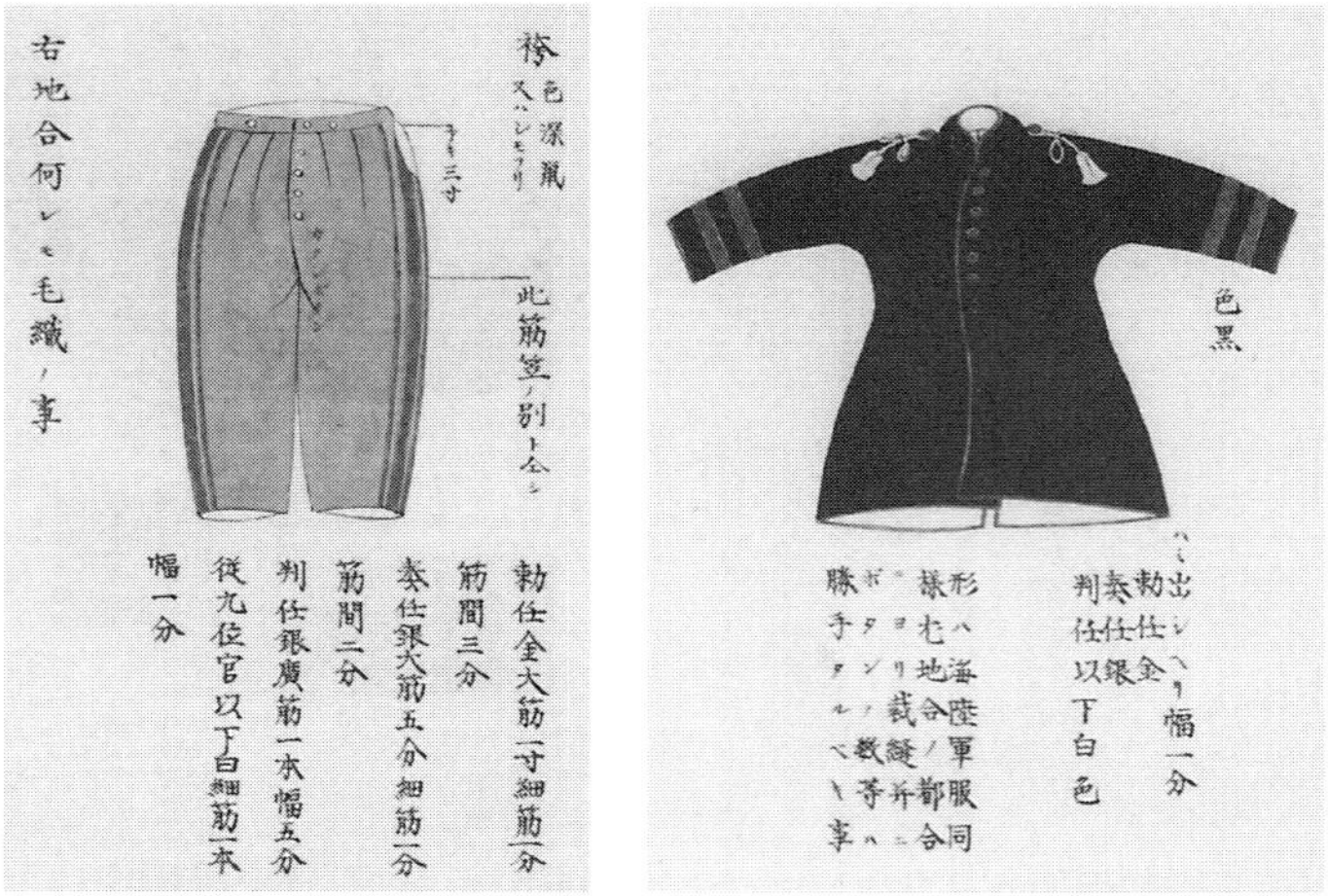

図４　非常並旅行服（『太政類典』第１編，慶応３年～明治４年・第47巻「儀制・徽章」．国立公文書館デジタルアーカイブ）

しい髪型や装飾を合わせせることはなかなか難しかった。

そのため和服に靴、洋服に丁髷など、和装と洋装を寄せ集めたちぐはぐな格好が跡をたたず、まずは統一的な軍服を制定する必要があった。そこで、欧米各国の軍事制度の視察を行った山県有朋が帰国した後の一八七〇（明治三）年に、陸軍はフランス式、海軍はイギリス式となる軍服が制定された。

欧米との対峙をきっかけとして活動的な軍服が必要となったように、海外への留学や視察においても洋服が利用されるようになる。同じ一八七〇年に制定された「非常並《ならびに》旅行服」は、非常時と海外渡航時における軽快な制服の着用を想定したものである（図4）。これは、黒い筒袖の上衣とズボン型の下衣に黒い帽子を合わせた和洋折衷的なスタイルであり、新政府で事務をつかさどる文官のための制服であった。洋式の軍服が普及するにつれて髪型を短くする者も現れ、一八七一（明治四）年八月にはついに散髪脱刀令《さんぱつだっとうれい》が出された。これは西洋式の短髪とすること、武士が帯刀しないことを認めるものであり、洋服の着用を推進するものではなかったが、それを阻《はば》む旧来の慣習を取り除くことが意図されていた。

欧米訪問のための服装

同年には、新政府にとって重要な任務が始まろうとしていた。外国側の領事裁判権を認め、日本に関税自主権を認めない不平等条約の改正を目標として、事前準備と欧米視察のために、岩倉使節団が派遣されることになった。西洋諸国の要人と直接面会して交渉の糸口を見つけることが主たる目的であったが、使節団の服装については事前にメンバーで話し合いが行われていた。その方針とは、大統領と皇帝の謁見に際しては従来の装束を着用し、そのほかの場では洋服を任意に用いるということである。それゆえ、一行のために小直衣《このうし》、狩衣《かりぎぬ》、直垂《ひたたれ》などの装束が用意されたが、メンバーのなかには横浜で洋服を購入する者もいた（刑部 二〇一二）。

一一月に使節団が横浜港を出発すると、船中において、アメリカ到着後に西洋の一般的な礼服を用いるべきか、日本の伝統的な装束を着用するべきかをめぐって議論が起きた

(同前)。結局、ワシントンの晩餐会では洋服が用いられたが、大統領への謁見に際しては、当初の方針の通りに、日本の装束を着用した。この時、滞在先のホテルから移動する際に、一行の姿を一目見ようと大勢の人が集まってきたという(同前)。日本の伝統的な装束は、西洋人の目には万国博覧会で展示される異国の風変わりな文物と同じように映ったことであろう。欧米諸国が、軍事力と経済力をもってアジアやアフリカの植民地化を進めるなかで、従来の日本の衣服は「未開の国」を示すものとして捉えられかねなかった。

外見の重要性

欧米の諸都市における政治・経済・産業の輝かしい発展を前にして、列強諸国と日本の国力の差は歴然としていた。不平等条約の改正のためには、日本も同等の近代化を果たす必要がある。そして日本が不平等条約の改正に向けて交渉の席につくには、西洋と対等の立場であることを示していかなければならない。それにはまず、見た目から変える必要があった。つまり、西洋の人々と同じ「大礼服」を着用することが強く意識されるようになるのである。

近代化の象徴——理念としてのスーツ

岩倉使節団の洋服着用

岩倉使節団のメンバーが身につけることになった洋服、それは現代のスーツにあたる衣服である。サンフランシスコで撮影された一行の写真を見てみよう（図5）。真ん中で、羽織袴を着て髷を結っているのが岩倉具視《ともみ》であり、椅子にどっしりと腰掛け、袴の裾《すそ》から靴をはいている様子がうかがえる。手にするシルクハットで、日本式の髷を隠して歩くこともできただろう。

一方、岩倉の周りに集《つど》うのは左から木戸孝允《きどたかよし》、山口尚芳《やまぐちますか》、伊藤博文、大久保利通《おおくぼとしみち》であるが、彼らは西洋式の短髪で洋服を着ている。白いシャツの上にフロックコートを着用し、ズボンをはいている。大きめの上着の肩や袖には皺《しわ》が寄っておりやや不恰好に見えるが、これらは一八七〇年代の西洋の男性服、すなわちスーツの典型を示している。使節団にと

図５　岩倉使節団（中央が岩倉具視，右から二番目が伊藤博文）

ってスーツの着用は取り急ぎ西洋化を示すことであったが、西洋社会においてはスーツこそが近代化の象徴であった。それはどのようなことであろうか。岩倉使節団によるスーツの着用の意味を考えるために、西洋におけるスーツの誕生と社会的意味を見ておこう。

スーツの起源

上着と長ズボンを組み合わせたスーツは、今日でも仕事着として広く着られている。西洋社会におけるスーツの誕生に大きな影響を及ぼしたのは一七八九〜九九年のフランス革命であった。フランス革命は自由、平等、友愛という理念のもとに、新たな市民社会を誕生させた。封建制による貴族社会から、近代の市民社会への移行において、人々の身なりは大きく変化した。

では革命以前の上流階級は、どのような装いをしていたのだろうか。当時のフランス王であったルイ一六世の肖像画を見てみよう（図６）。フランス王家をあらわす百合の紋章があしらわれたマントの裏には白貂《しろてん》の毛皮が用いられ、胸元には金と宝石がちりばめられ、袖口はレースで飾られている。また半ズボンの下から白いストッキングをはいた足がすらりと伸びている。

ルイ一六世の装いは、希少で高価な素材を用いて、大変な労力と時間をかけて作られたものであり、王侯貴族の特権はその豪華な外見からして明らかであった。なかでも、貴族男性はそれまで「半ズボン（キュロット）」にストッキングをはいていたために、革命の推進派は「長ズボン」をはいて対抗し、「サンキュロット（半ズボンをはかない人々）」と呼ばれるようになった。

図6　ルイ16世の肖像（1778-79年．アントワーヌ＝フランソワ・カレ画）

市民社会の自由と平等

こうして祖先からの血統を尊び、特権をほしいままにする貴族階級に代わって、生まれは貧しくとも努力によって社会的階梯《かいてい》を駆け上り、子孫へと資産を引き継いでいく新興階級が登場した。新たな市民社会の担い手となった新興階級は、自らの装いとして長ズボンを選択しただけではない。豪華な毛皮、高価な宝石、色鮮やかな布地、緻密なレースなど、それまでの貴族が好んだ服飾品を、うわべを飾る「虚飾」として打ち捨てた。代わりに彼らは、黒のスーツに身を包み、自らの身体の健康と活力に信頼を置いたのである。

黒のスーツは、アンシャン・レジーム（旧体制）や貴族的価値観を否定し、市民社会の自由という理念を標榜する衣服となった。そのため貴族出身とみなされることを恐れた旧貴族も、市民社会で重要なポジションについた新興階級も、みながスーツを身につけようとした。では、より多くの男性がスーツを着用できるようになったことの背景には、どのような技術があったのだろうか。

既製服の登場

一八世紀以前の貴族社会においては、一握りの王侯貴族のための豪華な服飾品を、大勢の職人たちが一人一人手作業で、膨大な時間をかけて製作していた。ところが産業革命によって紡績や織布が機械化され、紡織工場で大量に布地が生産されるようになる。また一九世紀にはミシンが仕立職人の地位を脅かしながらも実用化された。軍服やスーツの既製服も登場し、衣服の大量生産が行われるようになる。つまり、経済的に余裕のあった旧貴族や上層市民が仕立屋に注文してスーツをあつらえる一方で、懐《ふところ》に余裕のない下層階級も安価な既製服のスーツを購入することができるようになったのである。

既製服産業の黎明期《れいめい》においては注文服と既製服のレベルの差は歴然としており、スーツの細部を見れば良し悪しは明らかであった。けれども、自由と平等の理念を追求した社会革命に引き続き、産業革命によってあらゆる階級の男性たちへスーツを供給するための産業体制が整い、外見的にも「平等」が実現されたのである。

図７　《ニューオーリンズの綿花取引所》（1873年．エドガー・ドガ画）

新興階級の典型的な男性像

西洋近代における典型的な男性像を見てみよう。フランスの印象派の画家として有名なエドガー・ドガが描いたアメリカの《ニューオーリンズの綿花取引所》（一八七三年）である（図７）。広々とした室内に多くの男性の姿が見られるが、みなが黒いスーツを着ている。ドガはフランス人の銀行家の父とニューオーリンズ出身の母をもつ新興階級の出身であり、これらの人物のなかにはドガの家族や親族も含まれている。

ここで注目したいのは、男性たちの振る舞いである。部屋の中央に長机が置かれており、その上にもこもこと膨らんだ綿がたくさん載っている。長机の前にいる男性は手に綿を取って、反対側の男性となにやら相談をしているようだ。作品の一番手前にはシルクハットをかぶった老齢の男性が描かれているが、彼は綿を引きちぎるようにして、品定めをしている。

ニューオーリンズはアメリカ南部の都市で、栽培・収穫された綿花を輸出していた。綿は布地の原料であり、産業革命により発展した紡績工場で糸となり、織布工場で布地に加工され、大勢の人々の衣服が作られた。そして、そのような近代産業の一部に携わる男性たちのスーツ姿が、この絵画には描かれているのである。

近代化の象徴

一九世紀の市民社会において発展した衣服がスーツであった。それは近代以前の封建的な貴族社会における価値観を否定し、自由と平等という人権思想のもとに、機械技術と産業経済の発展によって実現された「近代化」の印であったのだ。一方で、社会革命により民主化と産業化を達成した近代国家たる欧米諸国が進出した先の植民地では、伝統的な衣服が着用されていた。

スーツが近代化の象徴であるならば、民族的な伝統服を着用し続けることは、近代化を果たせない後進国の印となりかねない。それゆえ、西洋の列強諸国への仲間入りを目指そうとするならば、洋服を着用して西洋化と近代化への志《こころざし》を体現することが近道であった。したがって洋服の採用は、対外的には日本の国際的な地位を向上させることを目的としていた。では、国内的にはどのような意味があったのだろうか。

公家と武家の争い

江戸時代までは、公家においても武家においても、身分や着用する場面によって服装が定められていた。しかし江戸幕府が倒れ、新たに天皇を中心とする中央集権国家が樹立された。明治新政府では討幕に功績のあった薩摩《さつま》藩・長州《ちょうしゅう》藩などの藩士たちが要職についたが、宮中の儀式では公家の慣習に従い、「衣《い》冠《かん》」の着用が求められた。慣れない装束をこれらの藩士たちが着用することは難しく、西《さい》郷隆盛《ごうたかもり》ですら大嘗祭《だいじょうさい》へ出席する際に衣冠の紐が切れてしまい、慌《あわ》てふためいたという（刑部 二〇一二）。

実際、藩士たちは公家の意向に従うことを快く思わなかったし、公家も藩士と自らを差別化したいと望んでいた（同前）。武家政権から新政府への移行において、両者の権力闘争が服装を通じて視覚化され、新たな火種となりかねなかった。

一方、宮中の外は、さまざまな格好をした人々で溢《あふ》れていた。羽織袴を着用した藩士がいれば、戎服《じゅうふく》（軍服）で武装した藩兵もいた。新政府の官員たちは、外国では洋服を着用したが、帰国すると和服へ着替え、軍服には洋服を用いざるをえなかった。従来の身分制度が廃止され、服装の序列も崩壊したために、外見から人々の身分を判断することができなくなった。このような混沌《こんとん》とした状態を脱するためには、政治の場における公《おおやけ》の服装を制定し、新たな階級制度に基づき序列を示し、政権の安定を図る必要がある。

そこで、国家儀礼や政治で着用する公式の服装を制定すること、すなわち新しい「服制」を定めることが急務となった。そしてこのとき、公家の衣冠でもなく武家の装いでもない「洋服」が、さまざまな問題を解決する手立てとして浮上した。なぜなら公式の場で「洋服」を着用することで、公家と武家の外見上の差による軋轢《あつれき》を解消することができる（刑部 二〇一二）。それゆえ、平等の実現を国民に示すことが可能となる。加えて、「洋服」を公の衣服として制定することで、日本の近代化の意志を西洋に向けて発信することができるからだ。

政治としての洋服——天皇と皇后の大礼服

洋服採用と伝統回帰

一八七一（明治四）年七月の廃藩置県《はいはんちけん》により、明治政府直轄の府県を置き、中央集権的な国家が樹立された。そして同年八月の散髪脱刀令ののち、服制の改革を説いた詔が天皇により発せられた（「服制更革ノ旨侍従ヘノ詔《みことのり》」『太政類典・第二編・明治四年〜明治十年・第一巻・制度一・詔勅』より）。

朕惟《ちんおも》フニ風俗ナル者移換以テ時ノ宜シキニ随ヒ国体ナル者不抜《ふばつ》以テ其勢ヲ制ス、今衣冠ノ制中古《ちゅうこ》唐制ニ模倣セシヨリ流テ軟弱ノ風ヲナス、朕太《はなは》タ慨之《これをなげく》、夫《そ》レ神州ノ武ヲ以テ治ムルヤ固《もと》ヨリ久シ、天子親《みずか》ラ之カ元帥《げんすい》ト為リ衆庶以テ其風ヲ仰ク、神武《じんむ》創業、神功《じんぐう》征韓ノ如キ決《けつし》テ今日ノ風姿ニアラス、豈《あに》一日モ軟弱以テ天下ニ示ス可《べ》ケンヤ、朕今断然其服制ヲ更《あらた》メ其風俗ヲ一新シ、祖宗以来尚武《しょうぶ》ノ国体ヲ立ント欲ス、

汝《なんじ》近臣其レ朕カ意ヲ体セヨ

この内勅によれば、唐の制度にならう衣冠は「軟弱なもの」で、日本は長らく武力によって治められてきたが、神武天皇による日本建国や神功皇后の三韓征伐のような姿は今日では見られない。それゆえ服制を改め、風俗を一新することによって、代々続く「尚武」による国体を樹立したい、と述べられている。

興味深いのは、天皇自身の言葉によって、伝統的装束が「軟弱なもの」として貶《おとし》められ、改革の必要性が謳《うた》われていることだ。ではどう改革するのかというと、神武天皇や神功皇后を引き合いに出して、平安時代以前の日本の衣服、すなわち袂《たもと》のない筒袖の上衣と、細身のズボンからなる服装とすることが述べられている。

ここで思い出そう。冒頭で触れたように、筒型とは「洋服」の特徴でもあった。「服制を改めて風俗を一新する」とは、建前上は平安以前の伝統服に回帰することを指しているが、実質的には洋服を採用することを意味しており、改革に反対する者たちの反発を封じることが意図されていた（刑部 二〇一八）。そして、ここで注目しておきたいことは、衣冠以前の筒型の衣服が持ち出されたのは、洋服の利点がすでに理解されていたということ、そして歴史的伝統への回帰をレトリックとして用いることで、「洋服」に言及することなく改革を正当化する効果があったということである。

大礼服の制定

こうして一八七二（明治五）年一一月、明治政府における新たな服制が定められた。太政官布告《だじようかんふこく》第三三九号には、「勅奏判官員及非役《ひやくゆうい》有位大礼服並《ならびに》上下一般通常ノ礼服別冊服章図式ノ通被相定《あいさだめられ》、従前ノ衣冠ヲ以テ祭服ト為《な》シ、直垂、狩衣、上下等ハ総《すべ》テ廃止」と記されている。この法令によって、衣冠は祭事用として残されたものの、直垂や狩衣などの伝統的装束は廃止され、代わって公式の礼服として洋服が着用されることとなった。西洋の宮廷服に相当するものは大礼服、燕尾服《えんびふく》は通常礼服（小礼服）と定められた。洋服を公的な服装として定める法令によって、新政府の高官・官員に洋服を着用することが義務付けられたのである。

しかし、いくら法令で決まったこととはいえ、新しい役職に応じた洋服を準備するには高額な仕立て代がかかり、また着慣れた和服を脱ぐことへの戸惑いもあったであろう。政治に関わる役人すべての身なりを「洋服」に統一していくためには、そのトップに立つ「天皇」の装いを変えて、モデルとして政府の方針を示す必要があった。

天皇の洋服

明治初期の天皇は、いまだ伝統的な装束を身につけていた。では天皇が初めて洋服を着用したのはいつだったのだろうか。それはおよそ一八七二（明治五）年二月頃であったらしい（刑部 二〇一八）。翌年三月には断髪を行い、六月に軍服の正服が定められた。その詳細は次のように記されている。

図8　明治天皇（1873〈明治6〉年．神奈川県立歴史博物館所蔵）

各国帝王の服制に斟酌《しんしゃく》して御軍服の制を定め、尋《つ》いで其の略服を制せらる。其の制の概要は、正略共に上衣は黒絨にしてジャケット製、竪襟、袴は白絨、帽は船形なり、但し正服の刺繍は金線にして略服は黒糸、正帽には白駝鳥《だちょう》の羽毛を、略帽には黒駝鳥の羽毛を附す。（宮内庁編 一九六九）

そして同年一〇月に、天皇は軍服を着用して写真撮影を行った。床に敷かれた絨毯《じゅうたん》、その上に置かれた椅子、西洋式の調度品が印象的である（図8）。そして短髪となった天皇が、刺繍《ししゅう》入りのジャケットと白いズボンに靴をはいて、傍《かたわ》らに帽子をおき、両手を剣に添えている。やや斜めを向きつつ、正面を見据えるポーズは、西洋の伝統的な肖像画の形式に則《のっと》ったものであり、厳《おごそ》かな印象を与える。洋式軍服の天皇の肖像写真が諸外国へ贈られ、また国内においても各府県に下賜された。

皇后の伝統装束

新政府の高官・官員に続いて、天皇は新しい日本の姿を象徴するべく、洋服を身につけた。天皇の洋服は、開国後の新しい日本の方向性、すなわち西洋化と近代化の象徴となった。ところが一方で、皇后は伝統的装束のままであった。明治中期の皇族を再現した石版画の多くには、天皇と皇后（昭憲皇太后）に加え皇太《こうたい》后《ごう》（英照皇太后）が配されているが、洋服姿の天皇に対して皇后と皇太后は和装のままである。

そもそも、皇后をはじめとする女性たちは、公の場に姿を現すことはそれまでなかった。儒教的な家族道徳観からすれば、一番高位にあるのは天皇であり、その次に天皇の母である皇太后、そして天皇の妻である皇后の順番である。しかし西洋のキリスト教的伝統と人権思想による一夫一妻制を基盤とした社会では、男性と女性は人間としてのあらゆる権利を対等に有する（若桑 二〇〇一）。それゆえ日本の西洋化と近代化を示すためには、政治や社交の場における女性の存在が必須となった。

ところが男性の洋服が急速に推進されたのに対して、女性の外見を変えることには社会の抵抗が大きかった。一八七三（明治五）年、東京府が「女子散髪禁止令」を出し、女性の散髪は禁止された。それでも女性を公の場に連れ出すための法令が徐々に準備されるようになる。まずは外国派遣公使夫人の朝拝《ちょうはい》が許可され、続けて外交官や奏任官《そうにんかん》などの官僚が夫人同伴での内謁見を認められるようになった（刑部 二〇〇七）。

ところが実際には、華族女性はみだりに外出するものではないとみなされていたため、実践した者は多くなかった。女性たち自身も外出することに慣れておらず、仮に宮中に出向くとすれば袿袴《けいこ》の着用が必要となり、余計な出費がかかる。そうまでして外出しようという女性はなかなかいなかったのである（同前）。それゆえ、旧来の慣習を変えるためには皇后や女官のみならず、まず武家や公家出身の女子華族に外出の機会を与え、さらに洋服を着用させる必要があった。そこで宮中の衣服改革に取り組んだのが、伊藤博文であった。

宮中の服装改革

伊藤は幕末に留学の経験があり、岩倉使節団の一員としていち早く洋装し、明治宮廷の改革のために尽力した人物である。宮内卿《くないきょう》となった伊藤は、近代国家の確立のためには宮中の改革が要《かなめ》であると信じ、ドイツ帝国の皇后であったアウグスタの枢密《すうみつ》顧問秘書官を務めていたオットマール・フォン・モールを招聘《しょうへい》した。

ところがモールにとってそれまでの公家装束は「まるで絵のように美しい宮廷衣裳」であったため、彼は洋服への改革に反対する。それに対して伊藤は「日本においては中世はすでに克服された。もっと後の世紀になって日本が民族衣裳に復帰することもあるやもしれない。しかし今や宮廷における女性の応接用衣服は洋装を厳守すると決定した」（オットマール・フォン・モール　一九八八）と述べたという。

改革に反対したのはモールだけではなかった。お雇い外国人として東京医学校（東京大学医学部）に招かれたエルヴィン・フォン・ベルツは、「伊藤侯が、宮中で洋式の服装が採用になる旨、自分に告げた時、見合わせるように切に勧めていった――何しろ洋服は、日本人の体格を考えて作られたものではないし、（中略）文化的・美学的見地からは全くお話にならない」と諌《いさ》めたという。ところが伊藤は「ベルツさん、あんたは高等政治の要求するところを、何もご存じないのだ。もちろん、あんたのいったことは、すべて正しいかも知れない。だが、わが国の婦人連が日本服で姿を見せると、「人間扱い」にはされないで、まるでおもちゃか飾り人形のように見られるんでね」（トク・ベルツ編　一九九七①）と反論したという。

伊藤の見解は日本の置かれていた状況を赤裸々《せきらら》に物語っている。日本文化の良き理解者であった二人の外国人が熱心に伝統的装束の継承を勧めたにもかかわらず、皇后の洋服採用は既定路線としてあった。西洋諸国と対等となるためには、内実を近代化する前に、まずは外見上の欠点があってはならないという伊藤の強い意志が見てとれる。

図9　昭憲皇太后の大礼服（1889〈明治22〉年．明治神宮所蔵）

皇后の洋服着用へ

明治宮廷における儀礼の制度が整備されるにしたがって、洋服着用への準備も徐々に進められていった。まず一八八〇（明治一三）年に、外交官夫人にかぎり洋服が認められた。そして一八八六（明治一九）年に、女子服制に関する通達が出された。それは皇后の洋服の着用を知らせるものであり、皇族・大臣以下の夫人も礼式相当の洋服を自由に着用してよいことを伝える内容であった。

この通達ののち同年七月、皇后は初めて洋服を着用し、華族女学校に行啓した。翌年の一八八七（明治二〇）年、皇后は新年拝賀の儀礼において、初めて洋式の大礼服を着用した（図9はその二年後の六月に撮影されたもの）。そして「婦女服制のことに付て皇后陛下思食書《おぼしめししょ》」を通じて、洋服の着用を宣言した。それによると、古代の日本においては衣《きぬ》（上衣）と裳《も》（下衣）からなるツーピースの女性服が用いられていたが、南北朝時代以来、衣を長くして裳をなくしたワンピース型となり、不適切であるという。一方で今日の洋服は、衣と裳を用いる古代日本式の衣服と同じように、立ったまま行う儀礼に適しており、歩いたり動いたりするにも便利であるというのだ。

ここで注目したいのは、天皇による服制の改革を説いた詔が日本古代の服制への回帰を謳っていたように、皇后による思食書も古代の上下に分かれた衣服を引き合いにしていることである。ただ天皇の詔では「洋服」の文言は避けられていたが、それから一六年後の思食書では「西洋の女服」と明確に表現されている。皇后自ら洋服を着用し、それを宣言することによって、上流階級の女性の洋装が推進されることとなったのである。

社交としての女性服——鹿鳴館とドレス

皇后の礼服

それでは皇后が着用した洋服とはどのようなものであったのだろうか。皇后の礼服として新たに採用されたのは、場面に応じて異なる形式のドレスであった。たとえば新年拝賀で用いられる「マント・ド・クール」は、肩や腰から長く伸びる引き裾を特徴とした大礼服である。夜会や晩餐《ばんさん》会用の「ローブ・デコルテ」は、大きく開いた襟ぐりが特徴の中礼服である。そして、中礼服ほど襟の開きが大きくないドレスは小礼服、また日中用の「ローブ・モンタント」は、立て襟や長い袖のついた礼服である。

当時の西洋では、場面と時間帯に応じた服装が礼儀作法として厳格に定められていたため、皇后の洋服もそのような西洋の慣習にならい、数種の礼服が選定された。天皇と同じく、西洋の礼服を着用して公の場に登場する皇后の姿は、日本が西洋の慣習を踏襲し、近

図10　鹿鳴館．当初は「外国人接待所」と呼ばれた．左はダンスホール

代化に向けて邁進《まいしん》することを内外に知らしめることになっただろう。しかし家の中で生活する華族女性にとっては、このような洋服を着る必要性などそもそもなかった。そこで政府によって周到に、ドレスを着用する機会が準備された。

鹿鳴館の舞踏会

一八八三（明治一六）年に建設された鹿鳴館《ろくめいかん》は、国の社交場である。国《こく》賓《ひん》や外交官を接待するための施設であったが、主たる目的は、園遊会や舞踏会を開催して日本の習慣や風俗を欧化し、欧米諸国との条約を改正することであった（図10）。洋式の社交、特に舞踏会のダンスにおいては女性たちも洋服を着用せざるをえない。そのような場を設けることによって、上流階級の女性たちからドレスの着用が進められたのだ。

一八八五（明治一八）年に開催された天長節《てんちょうせつ》夜会では、皇后や女官たちはまだ袿袴姿であったものの、洋服を着る夫人たちの姿も見られるようになっていた。そして一八八六（明治一九）年から八八（明治二二）年にかけて、つまり、思食書が出された前後の時代に開催された夜会や舞踏会では、洋服の着用率が増加した。当時の舞踏会の雰囲気を伝えてくれるのが、楊洲《ようしゅう》周延《ちかのぶ》による木版画《貴顕《きけん》舞踏の略図》である（図11）。ダンスに興じる男女の姿を描いた作品であるが、室内は絨毯やカーテンなど洋風の造りとなっており、ピアノも置かれている。男性たちが黒一色のスーツ姿であるのに対して、女性たちは色とりどりのドレスを身に纏っている。

進まぬ女性の洋装

とはいうものの、その後の舞踏会で実際にドレスを着用して出席したのは、華族の夫人や勅任官《ちょくにんかん》夫人など一部の女性たちにかぎられていた。和服が多かったために、洋装のドレスがひときわ目立ったと言える。ドレスを用立てるには莫大な費用がかかるため、憲法発布の式典では持ちあわせがなく、

図11　楊洲周延《貴顕舞踏の略図》(1888〈明治21〉年)

出席を見合わせる者も多かったという。また、洋服を着用して舞踏会に出席をしたとしても、家に戻れば和服に着替えた。天皇や皇后も公の場では洋服を着ても、それ以外では和服だった。

着用率の減少には、拙速な欧化政策に対する批判の高まり、さらには条約改正に失敗した井上馨が外務大臣を辞任したことも影響している。こうして、一八九〇年代、すなわち明治二〇年代半ばから後半になると、舞踏会ではほとんどの女性が白襟紋付《しろえりもんつき》の和服となり、洋服は皇族と外国人などにかぎられるようになった(刑部 二〇〇七)。

天皇を模範として男性たちが洋服を採用したように、大礼服姿の皇后にな

図12　ワースのドレス（1872年頃，メトロポリタン美術館コレクション）

らって、官僚夫人も続々と洋服へと着替えることが期待されていたが、現実はそうならなかったのである。それは、新政府の失策や女性の努力不足ではなく、この時代の西洋の女性服そのものが日本の慣習に馴染まないものであったからである。その要因を考えるために、当時の西洋の女性服の特徴を見てみよう。

複雑な構造と下着の装着

まず一九世紀後半の西洋の女性服は大変複雑な構造をしていた（図12）。パリの有名服飾店ワースのドレスをよく見ると、ウエストが細めで後ろ側が膨らんでいるが、このような形状は下着を用いて作り出された。当時の西洋のドレスを着用するには、下着で体型を補正する必要があったのである。まず、胴着となるコルセットでウエストを締め、そのうえにバッスルという下着を装着する。バッスルとはワイヤーを提灯《ちょうちん》のようにつなげた下着で、後腰部分に装着することによって膨らみを出すものだ（図13）。

このようなファッションを「バッスル・スタイル」と呼び、《貴顕舞踏の略図》にも同様のドレスが描かれている。日本が洋服を取り入れはじめた時代の西洋の女性たちが身につけていたのが、このバッスル・スタイルのドレスであったのだ。洋服を着るには、さまざまな下着のアイテムが必要となり、複雑な構造と特殊な着方で、時と場合に応じた着替えが必要となる。これは、着物に慣れていた日本女性にしてみれば、洋服を着る以前に相当の知識や準備が必要となり、ハードルが高かったと言えるだろう。

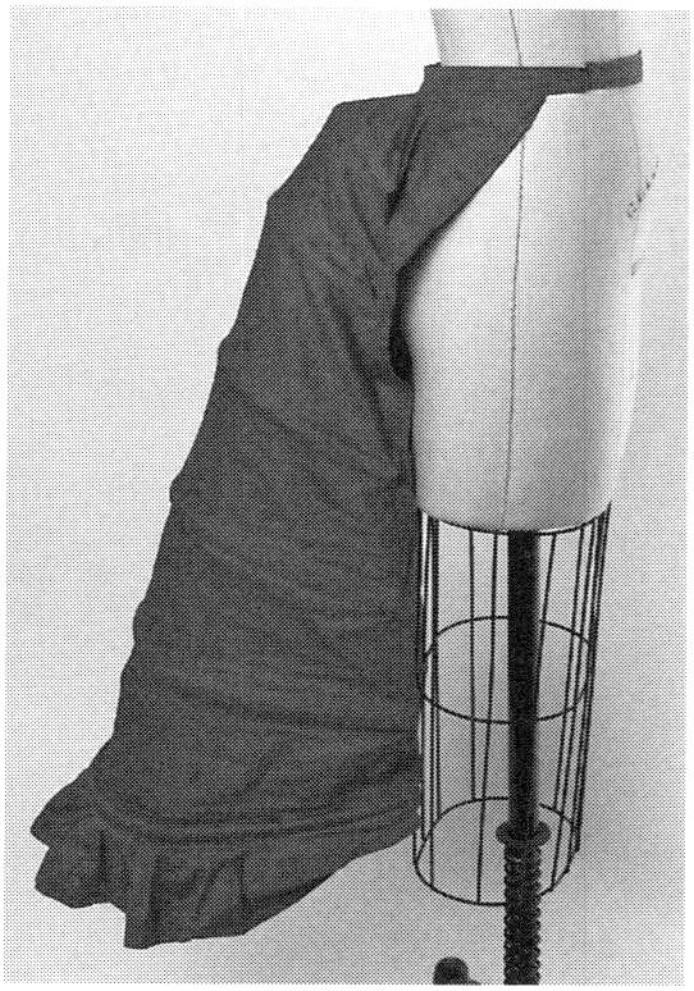

図13　バッスル（メトロポリタン美術館コレクション）

身体的・経済的負担

さらにこのバッスル・スタイルのドレスが、不健康とみなされていたことは大きな問題であった。特に、バッスルをつけるために装着するコルセットが、女性たちに健康被害をもたらしていた。というのも、一九世紀の西洋では細いウエストが理想的な身体美とみなされていたため、女性たちはこぞってコルセットを用いて極限までウエストを締め上げていた。当時の欧米の雑誌では、コルセットによる圧迫が女性の身体におよぼす影響がたびたび話題となり、医師により警告が発せられることもあった。

ところが、コルセットを用いない女性は不道徳という社会通念が行きわたっていたため、なかなか改善されなかった。このバッスル・スタイルを新たに取り入れようとする日本女性にしてみれば、慣れない洋服でウエストを締め付けられ、食事をすることもままならなかった。軍服や男性服では活動性を求めて洋服の着用が進められていたにもかかわらず、当の洋服が女性の行動を制限するとは皮肉である。加えて、それだけ不便であるにもかかわらず、高額な仕立て代がかかるとなれば、消極的とならざるをえなかっただろう。

スーツとドレスの役割分担

西洋のドレスは数々の欠点を抱えていたが、それでも近代化をめざす日本にとっては採用すべき装いであった。しかしこの女性用ドレスは、同時代の男性服とは大きく異なっている。それはなぜなのだろうか。ドガが描いた絵画に黒服の男性が描かれていたように、男性服においては装飾や色彩が取り払われる一方、女性服ではそれらがふんだんに用いられた。この違いを理解するためには、当時の家族観を検討する必要がある。

西洋近代に成立した市民社会では、男女分離主義的な家族観のもとに、男性と女性に異なる役割が与えられた。つまり、男性は外の社会で働き、女性は家庭の中で育児や家事に勤《いそ》しむという男女の役割分担である。男性は機能的なスーツを着て仕事を行うが、このスーツによって、自由と平等を理念とする市民社会の一員であることが示された。一方で、女性は鮮やかな色彩、煌《きら》びやかな宝石、豪華なレース、刺繍など、男性服で打ち捨てられた装飾をさかんに用いた。妻たる女性の外見を通して、一家の社会的なステータスが示されたのである。

一九世紀の西洋において、男性のスーツは近代化の象徴であったが、女性のドレスは差別化の指標となった。女性たちは家庭内を整頓するように、自らを美しく飾り付け、社交の場面で披露したのである。それゆえ、日本女性も豪華に装うことで体面を保つことが求められたが、そもそも華族女性は外に出る習慣がなかったのだから勇気が必要だっただろう。

オートクチュールとステータス

また一九世紀後半の西洋では、上流階級や新興階級の女性に向けて、豪華と洗練を極めたドレスを作るオートクチュール店が登場する。

オートクチュールとは、高級仕立服を意味するフランス語であるが、作り手が服のデザインを考案し、顧客の体型に合わせて仕立てる注文服のことを指す。今で言うところのファッションデザインの基礎を築いたのが、パリでオートクチュール店を開業したイギリス出身のチャールズ・フレデリック・ワース（シャルル・フレデリック・ウォルトとも呼ばれる）であった。

ワースは新作のドレスを季節ごとに発表した。つまり、ドレスの形や装飾を定期的に更新することで、流行のサイクルを生み出したのである。そのため、女性たちにとっては常に新しいドレスを身につけていることがステータスの高さを示す証となった。また、ワースは各国の王侯貴族のドレスを仕立てたことで有名である。しかし、イギリスのヴィクトリア女王や日本の皇后（昭憲皇太后）は、外国の流行にならうことへの批判に対処するために国内産の生地を使用して、国内産業の振興に努めた。

国家のための「洋服」

明治時代においては一部の上流階級の女性たちが限定的な場面で洋服を着用したにすぎなかった。その洋服とは、日本の欧化を示すための政治的な社交の場面における皇族や華族の女性たちのドレスである。その意味で、一九世紀後半の女性用のドレスは、日本の社会全体に影響力を及ぼしたわけではなかった。だがそれでも明治時代が日本のファッション史において重要であるのは、この時代に西洋のファッション文化が移入されることによって、日本のファッション文化の枠組みが形作られたからである。

近代の西洋においては、男性用スーツの誕生を背景として、女性用の華やかなドレスが発展した。日本では西洋の礼服にならい大礼服が制定されたが、女性用ドレスの着用はかぎられた。日本の洋服は、西洋のスーツやドレスを形式的に模したものであり、日本人の日常生活や社会習慣から生まれたものではなかった。

つまり、西洋のファッションが社会革命後の市民社会において新興階級の台頭とともに発展したのに対して、日本の洋服は民衆の自発的な意志によるものではなく、新政府の方針によって採用されたものである。それゆえ明治時代には、「服制」に関する法令が何度も発令された。日本の「洋装化」は上からの命令により推進された、いわば国家的プロジェクトとして始まったのである。

健康のための髪型と洋服

庶民の装い

明治時代に男性の洋装化が早くから進んだのは、スーツが働くための制服として、いわば仕事着として取り入れられたからである。職場における衣服の着用は上からの指令であり、規則として定められた。一八七三（明治六）年頃からスーツの仕立てを解説する裁縫書が出版されるようになり、スーツは「背広《せびろ》」と呼ばれるようになる。しかし外では洋服を着用していた男性も、家に帰れば和服に着替える生活を送った。

一方、和服で外出する男性も、洋服のアイテムを取り入れるようになった。「二重廻《にじゅうまわ》し」とも呼ばれた「インバネスコート」は、ケープのついた袖なしのマントであるが、和服の上にそのまま着用できたため、防寒用の外套《がいとう》として用いられるようになった。そして洋服でも和服でも被ることのできる「山高帽《やまたかぼう》」が流行した。

かたや女性たちが実際に洋服を着ることはほとんどなかった。女性たちが家庭の中で生活するぶんには、それまで着慣れていた和服を脱ぐ必要性は見当たらなかった。洋服を取り入れれば経済的負担は大きくなり、そこに健康上の問題が加わるならば、なおさら洋服に着替えることは憚《はばか》られたであろう。

とはいえ、鹿鳴館などにおける舞踏会の開催は、新聞などのメディアで報道され、西洋文化の影響下にある新時代を人々に強く印象づけることになった。女性たちは洋服を手にするまでには至らなくとも、和服とともに用いる装飾品や髪型などに変化が見られるようになる。

お歯黒と引眉

着物を着ていることには変わりなかったが、江戸時代までの化粧法は廃《すた》れていく。たとえば、歯を黒く染める「お歯黒《はぐろ》」と呼ばれる風習があった。「鉄漿《かね》」とも言い、鉄を酸化させた液体で歯を染め付ける女性の身だしなみで、既婚女性の印でもあった。また、眉毛を抜いたり剃ったりする「眉そり」、さらにそのあとに薄墨で眉を描く「引眉《ひきまゆ》」の習慣もなくなっていく。西洋人には特異に見える化粧法が廃れていった。

そして、一八七二（明治五）年の女子散髪禁止令以降、女性の断髪は禁じられたものの、従来の日本髪は生活に不便なことが多かった。江戸時代の日本髪は、身分や年齢、職業に合わせて多種多様なスタイルが発展したが、いずれも髪を束ねて髷を作り上げ、跳ねや崩れを抑えるために大量の油が使われた。華やかなスタイルではあるが、一人で結うことはできず髪結《かみゆい》を頼む必要があったこと、髪型を崩さないために高い枕を用いて就寝しなければならなかったこと、洗髪にも手間と時間がかかるという欠点があった。

束髪の流行

そこで登場したのが西洋風の髪型を取り入れ、より簡便なスタイルにした「束髪《そくはつ》」である。髪の毛を部分に分けて複雑に結い上げる日本髪と違って、束髪はひとまとめにして比較的容易に作ることができた。また、和服にあわせて洋風の雰囲気を加えることができたため、急速に人気が高まった。一八八五（明治一八）年には、医師の渡辺鼎《かなえ》と雑誌記者の石川暎作《えいさく》らの呼びかけにより、女性の髪型の改良を目指す「婦人束髪会」が結成された。

婦人束髪会は、従来の日本髪の問題を次のように指摘している。それは、不便窮屈で苦痛であること、不潔で衛生上問題があること、不経済であることの大きく三つであり、日本髪が「文化の進歩に大害あるを如何《いかん》せんや」（村野編　一八八五）と述べられた。この問題を解決するために、軽快で便利、清潔で衛生的、かつ経済的な束髪が推進された（図14）。たとえば、頭上で髪をねじってお団子をつくる「上げ巻」、三つ編みを束ねる

「英吉利《イギリス》結び」、三つ編みを根元に返して括《くく》る「まがれいと」など、多様な髪型が登場した。特に、従来の日本髪では用いられなかった新しい装飾、たとえば西洋のリボンが人気を博した。一般女性たちは洋服を着たわけではなかったが、洋服に似合う化粧や髪型、装飾品を取り入れることで、次なる時代に洋服を着用するための準備が整えられていった。

また、西洋では一九世紀半ばには大型百貨店が登場するが、日本においても江戸時代に

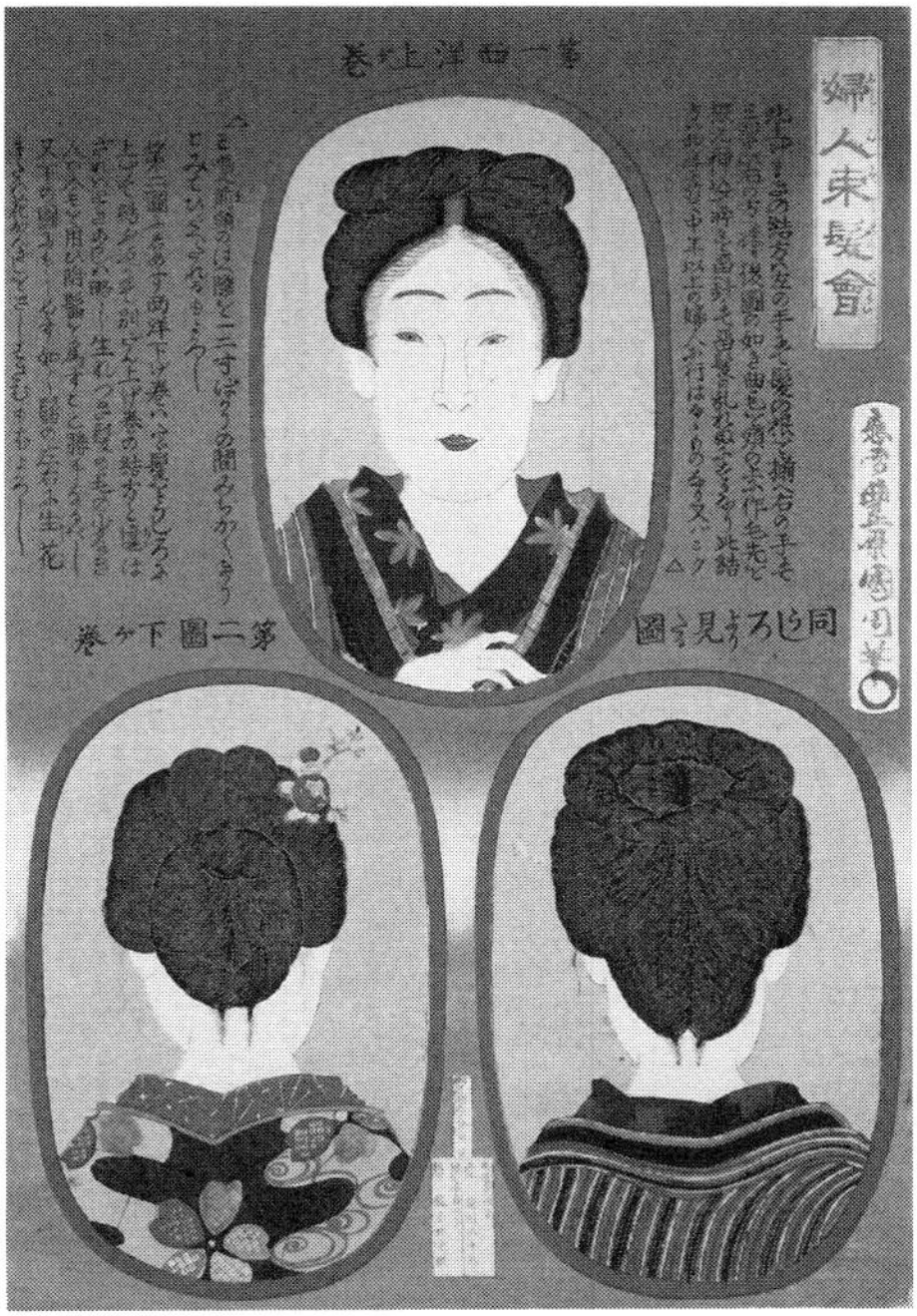

図14　束髪の例（豊原国周《婦人束髪会》1885〈明治18〉年．国立国会図書館デジタルコレクション）

反物や和服の販売を行っていた呉服商が、明治時代後半になると店内に陳列場を設けた百貨店に変貌を遂げた。さまざまな商品を取り揃えた百貨店で、化粧品や帽子、履物、傘など、洋風の商品が販売されるようになった。

子どもの服装

一方、子供服や制服では、比較的早くから洋服が取り入れられた。合理性、衛生性、経済性を理由に束髪が推進されたように、子どもの成長と健康の観点から、子ども服に洋服を導入しようという動きがあった。一八八五（明治一八）年に文部大臣に就任した森有礼《もりありのり》のもとで、学校制服の洋服化が推進された。富国強《ふこくきょう》兵《へい》を目指して、各学校で兵式体操が導入され、男子の制服では軍服に似た洋式の制服が広く取り入れられるようになった。

女学生は、従来的な着物を着用する場合、椅子で授業を受けたり、活発に運動したりするには、裾の乱れが生じて問題となった。そこで袴が用いられたが、男袴を女子向けに用いることへの抵抗は大きく、のちには二股に分かれていないスカート型の女袴が採用されるようになる。また健康と衛生のために女子にも体育が奨励され、軽快な服装が進んで用いられるようになった。

高等師範学校女子部では一八八六（明治一九）年に、華族女学校では一八八七年に洋服の着用が義務づけられるものの、これまで見たように当時の洋服は作りが複雑で、費用も高くかかった。それゆえ、鹿鳴館外交を推進していた外務大臣の井上馨が辞任し、文部大臣の森有礼が暗殺されると、女学校における洋服推奨の流れにも歯止めがかかることとなった。

西洋のファッション文化が流入する

明治後期～昭和初期（一九〇〇～三〇年代前半）

百貨店の発展——流行と消費の創出

都市の発展と中流階級

一九世紀末の日清戦争で日本は勝利を収めたが、続く日露戦争では予想外の戦力を投入することとなり、多数の戦死者を出し巨額の債務を抱えることになった。日本は国際的な地位を向上させつつも、国内では民主主義的改革を求める運動がさかんになり、政治、社会、文化のあらゆる面で自由主義的思潮が広がった。西洋の近代社会が民衆による革命を経て誕生したように、新たな時代の担い手は都市の新中間層であり、市民の政治的な自覚が促されるようになった。

社会の成熟と市民の成長の時代に、西洋のファッション文化が都市住民に影響を及ぼすようになる。明治時代の女性の洋服が宮中や鹿鳴館という閉鎖的な空間に収まっていたのに対し、街中の大衆が主役となる時代がやってきた。とはいえ、女性たちはすぐさま洋服に着替えたわけではない。明治時代後期にあたる二〇世紀初頭は、西洋のファッションを受容するための文化的・社会的基盤が築かれた時代であった。特に商店の発展が、その後の西洋ファッションの受容に大きな影響をもたらした。

呉服屋の伝統

女性たちの日常着が着物であったように、明治時代には多数の呉服屋《ごふく》が存在した。呉服とは、もともと中国の呉から伝わった織物のことを指し、着物の反物《たんもの》を意味する言葉から、着物の総称となった言葉である。一六七三（延宝元）年に三井家が創業した越後屋《えちごや》（のちの三越《みつこし》）や、一七一七（享保二）年に京都伏見《ふしみ》で古着屋として創業した大文字屋《だいもんじや》（のちの大丸《だいまる》）などが繁盛したが、これらの呉服店は明治時代に入っても伝統的な「座売り」の方式で販売を行っていた。

座売りとは、座敷に座って販売を行うことである。客は、店の玄関口の暖簾《のれん》をくぐり、土間《どま》で履物《はきもの》を脱いで、一段高くなった畳敷の広間に座る。だが商品は置いていない。客が自分の好みや必要の品を伝えると、店員が店の奥から品物を持ち出してくる。たとえこの品物が気に入らなくとも、客は店の奥に保管されたすべての品から自由に選ぶことはできない。このような座売りが明治時代以降も続いていた。

一方、西洋の個人商店においても、店主が顧客の要望を聞いて品物を出すという方法は同じであった。もっとも西洋では靴をはき椅子に座る習慣があったため、日本のような座売りはなかったが、顧客に選択肢がないのは同じであった。

西洋におけるデパートの発展

ところが一八世紀末になると、街路にアーケードが建設され、店先に透明のガラスが設置され、それまでの薄暗い店の様子が一変した。店先のガラスケースを見れば、事前にどのような商品を扱っているのかを知ることができる。このような個人商店が発展して、一九世紀半ばにかけてフランスのボン・マルシェ、イギリスのハロッズ、アメリカのロード&テイラーなどの「デパートメントストア」が次々に登場したのである。

日本語では「デパート」と略されるデパートメントストアは、さまざまな部門の商品を取り揃えた大型店舗のことを指している。これらのデパートは、服を仕立てるための布地を中心に、装飾品や簡単な既製服、家具や雑貨などを販売した。布地を天井から吊るしたり、マネキンに服を着せたり、装飾品や雑貨などをガラスケースに入れたりと、さまざまな工夫をこらして商品を展示した。

あらかじめ価格が設定された正札《しょうふだ》販売であったため、店員と値段交渉する必要もなくなり、客は安心して買い物することができた。加えて、商品を購入する意志がなくとも、陳列されている商品を眺めて楽しむこともできた。いわゆるウィンドウ・ショッピングの習慣が生まれ、新奇な商品に対する関心と消費への欲望がおおいに掻《か》き立てられたのである。

呉服屋からデパートへ

この新しいデパートの販売方式が、明治時代末から大正時代にかけての日本で取り入れられた。西洋に留学した日本人たちが、デパートの繁栄や流行のファッションを目の当たりにして、日本での展開を考えた。その際、日本では江戸時代から存在していた呉服店が、西洋的なデパートへと変貌を遂げていくことになる。特に関西の呉服店、たとえば高島屋の京都店や大阪店では、陳列販売やガラス張りのショーウィンドウが早くから採用され、三越、十合《そごう》、大丸、白木屋《しろきや》などの各店も後に続いた（図15）。

そのバラエティに富んだ商品の様子を、一九〇六（明治三九）年の新聞記事は、次のように説明している。

デパートメント、ストアは（中略）薄弱な小商店の集合でもなければ又内部に重複した数箇の同一店が置かれたのでもない、商品の種類に従ひ部門を分つて美術品、化粧品、宝石類、家具、食料品、呉服類、書籍、文房具、玩具、金物、革細工、竹細工、外国特産品、馬車、自働車、自転車類其他有《あ》らゆる種類の商品を陳列し、殆《ほとん》ど人生

図15　白木屋呉服店陳列場(『東京風景』小川一真出版部，1911〈明治44〉年．国立国会図書館デジタルコレクション)

の需用を一手で供給する有様《ありさま》である。(『東京朝日新聞』一九〇六年一〇月二五日付朝刊)

また前年には、呉服の専門店からの脱皮を謳《うた》う「デパートメントストア宣言」と呼ばれる広告を新聞に掲載した。

百貨店の文化的発展

ところで「デパートメントストア」は日本語では「百貨店」と訳されるが、西洋の「デパート」が服地(drygoods)を中心に布類や既製服、アクセサリーなどの部門(department)ごとに構成されたのに対し、日本の呉服店は、数多く(百)の品物を扱うことで、まさしく「百貨店」と呼ぶにふさわしい店構えとなった。たとえば衣類や化粧品、雑貨にかぎらず、美術工芸品や食料品までも扱うようになった。

また、洋風の食事を提供する食堂が設置され、家族の団欒《だんらん》や週末の娯楽の場となり、西洋の風習を取り入れた先端的な文化施設の役割も担うようになった。さらに、展覧会まで開催されるようになる。今日でも売り場の横で開催される美術展で名画を見たあとに、店内のレストランやカフェで休憩する人々の姿は珍しくないが、デパートでの食事や美術鑑賞は日本の百貨店で独自に発展してきた風習である。

日本にはもともと西洋の伝統的な絵画や彫刻はなく、それらを鑑賞するための美術館もなかった。そのため日本画家や工芸家の作品を展示するための展覧会が、百貨店のなかで開催されるようになった。そしてこのような展覧会において、明治維新による東京遷都で職を失った画家や工芸家たちの仕事が紹介されたのである。

着物の図案とPR誌の登場

日本画家は、着物の制作も手掛けるようになった。とはいえ、着物には型があるため、形そのものは変えられない。けれども、季節や場面に応じて生地の色や柄に変化を持たせ、さまざまな図案を考案することはできる。そこで、西洋のファッションにならい、着物の流行を作り出そうとする試みが生まれた。そしてこのとき、流行のモデルとして注目されたのが、江戸時代前期の元禄文化であった。

図16　華やかな着物（『三越』1－2，1911〈明治44〉年．国立国会図書館デジタルコレクション）

尾形光琳《おがたこうりん》が艶《つや》やかな色彩と大胆な構図で装飾的な屏風を制作したように、元禄文化の華やかな様式が、明治時代の人々の新たな好みとして復興された。三越では『光琳遺品展覧会』と題した展覧会を開催し、掛軸や屏風、硯箱などを紹介するとともに、着物の図案の懸賞募集を行い、受賞作品を実際に製品化した。また、研究者や有識者によって結成された元禄研究会が、着物の図案や商品の開発に貢献した（神野　一九九四）。

こうして従来の着物の色や柄が刷新され、着物の流行商品が作り出されることになった。

さらに、そのような新商品を宣伝するためのPR誌が出版されるようになる。たとえば三越呉服店のPR誌には、鮮やかな青の着物によく映える帯を合わせた女性の姿が描かれている（図16）。この華やかな装いに、多くの読者が目を止めただろう。

PR誌は、呉服だけでなく、絵画や帽子、子供服など店内の陳列品を写真とともに掲載した。ネクタイ、リボン、ボタン、ブローチなどの輸入品を紹介し、百貨店の催しやニュース、俳句などを掲載し、ちょっとした読み物の様相を呈していた。一方で、PR誌は百貨店を直接訪れることのできない地方の消費者に向けた通信販売のカタログとしての役割も果たしていた。

たとえば、冬物呉服類のなかの「金糸入縮緬《きんしいりちりめん》」は「十七円より十九円位」と記され、「日本に於けるデパアトメントストアーの元祖」を名乗る三越が、全国各地から注文品を受けていたことがわかる（『時好』六―一）。また「流行の帯と羽織」と題した記事では、「婦人の衣裳で最も目に立つものは、模様と帯と羽織である」（同前）と述べられ、読者の関心を着物の新しい図案へと惹きつけた。もちろん、呉服店のなかには明治時代に洋服店を開業し、イギリスやフランスから生地を輸入して技術者を呼び、皇族をはじめとする上流階級からの注文を受けた店もあった。しかし百貨店の主力商品はいまだ着物であったのだ。

銘仙の流行と都会的生活

日常着の着物

明治から大正時代の百貨店は、新柄の着物や、洋風の小物、既製品をさまざまに取り揃えて陳列し、目新しい商品の世界へと人々をいざなった。百貨店の品物は、庶民にとっては高級品であったが、日常着としての着物にも変化が見られるようになる。「呉服」が絹織物で作られた上等な着物であったのに対し、絹糸よりも太い麻や木綿で作られた織物は「太物《ふともの》」と呼ばれ、丈夫で安価なため普段着に用いられていた。しかし、絹織物でありながら日常着として用いられる着物が登場する。それが、大正時代から昭和初期にかけて高い人気を誇った「銘仙《めいせん》」である。

銘仙の歴史

銘仙の流行は、明治時代の日本の製糸産業の動向と深く関わっている。西洋においても高級な絹織物の人気は高かったが、一九世紀に蚕《かいこ》の流行病

により ヨーロッパの養蚕業《ようさん》が窮地に陥り、中国（清）でも内乱により生糸の輸出が減衰した。そこで日本で生産された生糸が、ヨーロッパの需要を満たすことになった。もともと関東地方の北部から西部にかけては養蚕がさかんであり、一八七二（明治五）年、群馬県に官営初の製糸場として開業した富岡製糸場では、海外輸出用の上等な品質の生糸が生産されていた。

一方で、製糸の工程では、品質の劣った絹糸も大量に発生する。そのような輸出に向かない絹糸を利用した着物が銘仙である。玉糸《たま》（節のある絹糸）や屑糸《くず》で織った平織の着物は、絹織物でありながら丈夫で安価な日常着として普及することになった。ただし銘仙と呼ばれることになる着物自体は古くからあった。

江戸時代に「目千《めせん》」や「太織《ふとおり》」と呼ばれた織物は、幅広のしっかりと織り上げられた布地のことを指していた。明治時代になると、無地や縞柄《しまがら》などに加え、細かい紋様の織り出された絣《かすり》が入るようになる。絣とは前もって染め分けた糸を用いて、掠《かす》れたように模様を作り出す織物のことである。

さらに明治末になると、仮織りした経糸《たていと》に捺染《なっせん》する「解《ほぐ》し織」の技法が開発され、多様な柄を織り出すことが可能となり、次第に大胆な模様が作られるようになった。このとき、明治末から大正時代にかけて欧米で開催された万国博覧会を通じて、西洋の芸術動向が日本でも知られるようになり、着物の図案に少なからぬ影響を与えることになった。その特徴を見てみよう。

アール・ヌーヴォーの影響

大正時代の銘仙には、洋花《ようか》が多く登場する。それは、一九世紀末から二〇世紀初頭のヨーロッパで花開いた「アール・ヌーヴォー」と呼ばれる芸術様式の影響を受けている。アール・ヌーヴォーとはフランス語で「新しい芸術」を意味する言葉である。一九世紀の産業革命によって既製品が流通し、人々の生活は豊かになったが、一方で粗悪品も大量に生まれた。そこで、中世の職人技術を見直し、手仕事の復権を謳い、建築、工芸、テキスタイル、ファッションなどのあらゆるジャンルに広がった美術運動が、アール・ヌーヴォーである。

当時、植民地の開拓を精力的に行っていた西洋諸国では、民族芸術への関心が高まり、東洋趣味の流行も手伝って、独特の芸術様式が生み出された。自然界の生き物、たとえば植物や昆虫のモチーフが登場し、うねるような曲線的造形や装飾が多用された。このアール・ヌーヴォーの様式が、大正時代の銘仙などの着物に影響を与えた。

従来の着物は十字や矢絣などのシンプルな柄が多かったが、椿《つばき》や牡丹《ぼたん》などの大きな花柄が登場する。そして、花鳥風月《かちょうふうげつ》を品よく散らすのではなく、濃い地色にボリュームのある花を表すことによって、大胆な図柄が生み出された。また花の種類も、薔薇《ばら》やチューリップなどの西洋由来の花が好まれるようになった（図17）。そして、この時代には化学染料の開発によって、鮮やかではっきりとした色で染め上げることが可能となった。従来の天然染料による落ち着いた色味の着物に対して、派手な色味で大胆な組み合わせが好まれるようになった。

図17　薔薇文様銘仙長着（埼玉県立歴史と民俗の博物館所蔵）

アール・デコの影響

さらに二〇世紀前半の西洋には、「アール・デコ」と呼ばれる新たな芸術様式が誕生した。アール・デコは、一九二五（大正一四）年にパリで開催された「現代装飾美術・産業美術国際博覧会」の略称に由来する名称で、「装飾美術」を意味する言葉である。一九一〇年代から一九三〇年代にかけて、ヨーロッパのさまざまな芸術ジャンルへ波及した芸術様式である。

工業化を背景とする機械技術の発達により、飛行機や自動車などの交通手段が発展し、鉄筋コンクリートのビルが次々建設された都市環境を反映して、機械技術の発展を謳歌する社会的風潮が生まれた。そこで、芸術表現においても機械の動作や速度の描写、リズム感やスピード感のある模様が多用されるようになった。その影響が、日本の着物の図案にも顕著に表れ、より抽象化されたパターンや幾何学模様が登場した。

銘仙の広がり

当初、銘仙の流行は関東地方を中心としていた。それは銘仙の産地が、足利《あしかが》、桐生《きりゅう》、伊勢崎《いせさき》、秩父《ちちぶ》、八王子《はちおうじ》など関東地方に集中していたためである。一方、関西では「御召《おめし》」と呼ばれ、「しぼ」という細かい凹凸のある上品な縮緬が人気であった。ところが技術開発により銘仙の図柄が洗練され、徐々に派手なものになるにつれて、関西地方へも人気が広がっていった。足利や伊勢崎などの地名の入った銘仙の宣伝ポスターが多数作られ、東京で活躍した日本画家の鏑木《かぶらき》清方《きよかた》や伊東《いとう》深水《しんすい》、大阪で活躍した日本画家の北野恒富《きたのつねとみ》らが、その原画を手がけた（図18）。また挿絵で評判となった竹久夢二《たけひさゆめじ》は絵葉書の原画も描いた。

このように、大正時代から昭和初期にかけて銘仙が流行し、西洋的な図柄が多数用いられた。銘仙自体は日本の伝統的な着物であり、洋服ではない。しかし、西洋の芸術動向の影響を受けた図柄が生み出されたこと、そして西洋のファッションに見られる流行の創出が試みられたこと、それを一部の上流階級ではなく庶民の女性たちが享受したことが、西洋ファッションの受容に際して重要な意味を持った。銘仙の図案には、西洋の装飾模様が積極的に用いられ、伝統的な着物の形でありながらも、和洋折衷の新しい感覚が生み出された。さらに、流行に合わせておしゃれを楽しむ、というファッションの習慣をより多くの女性たちが取り入れた。このことは、和服を着ていた女性たちが洋服へと着替えていく際の準備を整えることにもなった。

図18　北野恒富《現代美人之図（足利本銘仙のポスター原画）》（1928〈昭和３〉年．足利市立美術館所蔵）

ところで大正時代後半から昭和初期にかけては、歴史に残る地震や火災が起きた時代でもある。大正一二（一九二三）年には、マグニチュード七・九と推定される関東大震災（大正関東大震災）が発生した。建物が倒壊し、昼時であったために都市部を中心に火災も起こり、多くの犠牲者が出た。地震や火災によって、着物が燃えたり、水に濡れたり、袂《たもと》や裾《すそ》が邪魔になったりと、着物の不便を痛感した女性たちの姿は想像に難くない。関東大震災により洋服の着用が推進されたとする歴史的な見解が生まれたが、現在では再検証の必要性が唱えられている（刑部　二〇二二）。

関東大震災と白木屋火災

そして昭和七年（一九三二）には、師走で賑わう百貨店の白木屋で火災が起き、被害の模様が新聞で大きく報道された。専務の談話によると、火災の起こったビルの上階から逃げる女性たちのなかには、着物の裾の乱れを気にして片手で裾を押さえたために墜落した者もいたということで、女性店員に今後ズロース（半ズボン式のゆったりした下着）を着用させるとある（『東京朝日新聞』一九三二年一二月二三日付）。この記事から、女性たちの下着の着用が促進されたとする通説も生まれた。しかしながら、大正時代後半から昭和初期にかけての女性たちの装いの変化に際して注目すべきは、関東大震災や白木屋火災が洋装化の直接的なきっかけであるのかどうかということよりもむしろ、当時の東京においてはいまだ多くの女性が着物を着ていたという確たる事実である。

また、関東大震災の影響を考える際に注意しなければならないのは、関西は大きな被害を受けていないということだ。関東で被災した人々のなかには、関西へ移住する者もいた。近世には「天下の台所」と呼ばれ、物流と商業の拠点であった大阪は、日露戦争・第一次世界大戦で重工業が発展し、東京を凌ぐ大都市に成長し、「大大阪《だいおおさか》」と呼ばれた。それゆえに、関東大震災のみが日本全体の洋装化を推進したとする見解は性急に過ぎるであろう。明治からの西洋ファッションの受容という文脈のなかで、関東大震災の影響を捉える必要がある。

洋風の生活様式への変化

従来の和風の生活様式に洋服がそぐわないものであることは、明治以来たびたび指摘されてきた。ところが関東大震災によって多くの建物が倒壊したため、伝統的な風習を改め、時代に即した生活様式を取り入れる機会が訪れた。震災前の百貨店はガラスケースの陳列販売によって西洋的な「デパート」と同じように見えるが、実のところ入口で履物を預ける「下足預かり」を続けていた。日本では伝統的に室内で履物を脱ぐ習慣があるが、百貨店では座売りを廃止したのちにも、下足預かりを踏襲していた。

しかし、街の道路が整備され泥や埃《ほこり》が軽減されるとともに、新しいビルが建設されることになり、下足預かりの是非が議論されるようになる。そして、東京では百貨店の新築・改修時に、また京阪神の百貨店もそれに続いて、下足預かりが廃止されることになった（谷内 二〇一四）。影響が懸念されていたものの、客の側では土足のまま気軽に入店でき、店の側でも履物の引き渡しの手間が省《はぶ》け、結果として客が増えたという。生活空間の刷新が人々の行動様式を変化させ、洋服を取り入れる環境が徐々に整っていく。

図19　杉浦非水《東洋唯一の地下鉄道　上野浅草間開通》（1927〈昭和２〉年）

昭和初期には、老舗の呉服店、すなわち三越呉服店や大丸呉服店の商号から「呉服店」の文字が外れ、「三越」や「大丸」と称されるようになった。また交通機関が発達し、都市のインフラが整備されるが、特に注目したいのは地下鉄の開通である。一九二七（昭和二）年には東京の上野—浅草間で地下鉄が開通した。さらに関西でも一九三三（昭和八）年に大阪の梅田—心斎橋《しんさいばし》間に地下鉄が走った。以来、路線の延長がたびたび行われ、都会へ出かけるための交通手段が整った。

地下鉄でお出かけ

地下鉄開通を知らせる宣伝ポスターはこの時代の賑《にぎ》やかな雰囲気を伝えてくれる（図19）。電灯がともされた明るい構内のプラットホームで、大勢の人々が電車を待っている。男性の多くは帽子とコートを身につけ、灰色の洋服姿である。前列に子供の姿が見えるが、三人は洋服、一人は着物を着ている。一方、多くの女性が和服を身につけているなかで、手前に立つ二人の洋服姿の女性が印象的である。都会的な生活様式の普及とともに、流行文化も発展していった。

西洋ファッションにおける改革

実際のところ、人々はどのような格好をしていたのだろうか。それを知るための興味深い資料がある。一九二五（大正一四）年に風俗学者の今和次郎《こんわじろう》が行った風俗調査の記録である。今は、東京銀座の路上を歩く人々の服装を観察し、男性と女性それぞれの洋服と和服の着用率を調査し、その結果をイラストに描いた（図20）。

和服と洋服の比率

イラストには男女の姿が描かれているが、体の半分が洋服と和服に描き分けられ、それぞれの割合が記されている。それによると、男性は和服が三三％に対し洋服が六七％であり、洋服の着用者は和服の着用者の二倍ほどである。一方、女性は和服が九九％であったのに対して、洋服は一％であった。つまり、百人のうち洋服を着ていたのはたったの一人という結果であった。関東大震災後の東京銀座の目抜き通りでこのような状態であるから、地方ではなおさら洋服は珍しかったことだろう。

このように、大正末の東京においては、ほとんどの女性が着物を着ていた。大多数の女

図20　1925（大正14）年の銀座における洋服と和服の着用率（今和次郎「東京銀座街風俗記録　統計図表索引」『考現学』ドメス出版，1971年）

性が和服を着ていたがゆえに、洋服姿の女性が注目を集めたとも言える。では、たとえ一人であったとしても、なぜこの時代に洋服を着用する女性が登場したのだろうか。すでに見たように、一九世紀後半の西洋のファッションは複雑な作りをしていて、着付けも難しかったために、日本では一般の人々に普及しなかった。ところが二〇世紀に入り、西洋のファッションに変革が起こった。この新たなスタイルが、日本女性にとっても受け入れやすいものであったために、西洋のファッションは大正時代から本格的に日本へ流入することになる。それでは、西洋ファッションに生じた変革とは、いかなるものであったのだろうか。

スポーツとレジャーの流行

一九世紀後半の西洋のファッションを思い出そう。当時流行したバッスル・スタイルは、コルセットの締め付けがさまざまな健康被害をもたらした。しかし、そうして作り出される豪華なドレスを身にまとい、女性たちは庭園や海辺へ散歩にでかけた。印象派の画家ウジェーヌ・ブーダンは、この時代の女性たちがドレスを着たまま海辺で椅子に腰かけ、手仕事をしたり、友人と談笑したりしてくつろぐ姿を描いている。一九世紀後半には鉄道が発展し、人々は郊外へ出かけ、レジャーを楽しんだ。

さらにこの頃には乗馬を楽しむ女性や自転車に乗る女性が登場し、運動のための衣服の需要が高まる。下着を装着して脚を覆い隠す従来のドレスでは、動きが妨げられ、怪我をする危険もあったからだ。男性用の乗馬服と同じように、スカートの下で二股に分かれた女性用乗馬服、または二股に分かれた自転車用のズボンが登場した。スポーツやレジャーという限定的な場面ではあったが、女性のための運動用の衣服が登場し、実際に着用されはじめた。

装飾に対する批判

ところが一九世紀末には、バッスル・スタイルの胸元をさらに前に押し出し、臀部《でんぶ》を後ろに突き出させることで、S字型のシルエットを作り出すファッションも流行した。コルセットを相変わらず用いて作りだされる装飾的なスタイルの登場に、前衛芸術家や社会運動家のなかから批判が起こる。オーストリアの画家グスタフ・クリムトは自身もスモックのような作業着を着て絵を描いたが、パートナーであったエミーリエ・フレーゲは、ウエストのくびれのないワンピースを積極的に着用した。

また、パリのオートクチュール店ワースを引き継いだ息子のガストンも、新しい時代の女性たちのためのファッションを提供する必要性を説く。こうして、活動的なファッションを求める機運が高まり、二〇世紀初頭になると、ファッション史上の革命が起こる。それが、コルセットの追放である。

図21　ポール・ポワレ《ガーデン・パーティ・ドレス》（1911年. 島根県立石見美術館所蔵）

コルセットの追放

さまざまなデザイナーが活躍するなか、特に有名となったのはポール・ポワレである。ポワレはワース店で修行をしたのち、二〇世紀初頭にデザイナーとして独立し、コルセットを廃したドレスを発表した（図21）。それは、肩から布地が直線的に流れるワンピースタイプのドレスである。従来の女性用ドレスでは、コルセットでウエストを締めた上にさまざまな下着を取り付けてからドレスを着用したため、腰の部分がドレス全体の土台となった。

ところが、コルセットを廃した新しいファッションは、ウエスト部分ではなく、肩を基点として布地が地面まで垂れるような直線的なスタイルとなった。そのようなスタイルを、ポワレだけではなく同時代のデザイナーたちがこぞって作りはじめたのである。そしてこのスタイルは、従来の複雑な作りのドレスと比べるならば、日本女性にとっても格段に受け入れやすく、歓迎されるものだった。

シンプルなファッション

一九一〇年代から二〇年代にかけて、西洋のファッションはさらに活動的なものとなる。特に一九一四（大正三）年に起きた第一次世界大戦により、女性たちの社会進出が進み、より活動的な衣服が求められるようになった。女性用の帽子作りを始めたガブリエル・シャネル（通称ココ・シャネル）が、スポーティなスタイルのファッションを提案しはじめたのが、一九一〇年代である。

シャネルはそれまで男性用下着や労働着の素材であったジャージーを用いて、女性服をデザインした。ジャージーはメリヤス編みの生地であり、体の動きに合わせて伸び縮みすることに特徴がある。それゆえに下着や労働着として用いられたのだが、シャネルはそのジャージーを女性のためのおしゃれな外出着に採用した。そして男性用スーツの特徴であった黒を積極的に用い、それまでの女性服を飾っていた装飾を取り除き、シンプルでカジュアルなスタイルを提案した。

この活動的なスタイルは大変な人気を呼び、アメリカではシャネル自身がつくるオートクチュール（高級注文服）のみならずデパートによる既製服も登場し、巷《ちまた》には多くの模倣

図22　ガブリエル・シャネル《イヴニング・ドレス》（1925年．島根県立石見美術館所蔵）

品が出回ることになった。特に、シャネルがデザインした黒のドレスは人気を博したが、上品でありながらシンプルなスタイルは多くの女性たちの憧れとなった（図22）。

日本への影響

とはいえ、日本でシャネルをはじめとする人気デザイナーのファッション、つまりパリのオートクチュールが実際に話題となるのは、一九二〇年代末の昭和時代に入ってからであった。この頃になると、パリのデザイナーたち、すなわちワースやポワレ、ランヴァン、パキャンなど、当時活躍していたパリのファッションデザイナーたちの名前が新聞や雑誌で報じられるようになる。

一九三六（昭和一一）年の『読売新聞』は、「断然流行界をリード」するシャネルの人気を伝えている。「シャネルの作品は単純な中に颯爽《さつそう》たるスティルを漂はせてゐるのがミソといへませう」と評されたように、そのファッションはシンプルであることが最大の特徴であった（『読売新聞』一九三六年一月一七日付朝刊）。

このように西洋のファッション自体に大きな変化が起きることで新しく誕生したスタイルが、日本に多大な影響を与えることになったのである。西洋における流行のスタイルが、凹凸のある曲線的なシルエットから、肩を起点とする直線的なシルエットへと移行したことによって、もともと直線的な裁断を行う着物を着慣れた日本女性にとって馴染みやすいスタイルとなった。

さらにコルセットなどの下着を取り払ったシンプルな作りとなったために、模倣も容易となり、日本で西洋のファッションにならって衣服を作ることが、以前に比べると格段に楽になった。ウエストの締め付けがなく、スカート丈も短く活動的な装いとなれば、着物の不便を感じていた日本女性にとってもおおいに関心を引くものであっただろう。それでは、大正時代から昭和初期にかけて、日本の女性たちはどのように西洋のファッションを知り、接することになったのだろうか。

モダンガールと洋裁家たち――洋服を着る／作る

働く女性の制服

第一次世界大戦で戦場となったヨーロッパでは女性たちの社会進出や活動的なファッションが推進されたが、その影響は日本にも及んだ。日本では輸入が途絶えたために、国内外の需要を満たすべくさまざまな産業が発展し、特に海運業や造船業で財を成す人々が現れた。戦争による好景気によって、消費活動がおおいに促進され、社会に出て働く女性が急増した。

それまでの女性の仕事といえば、家事労働や農作業、製糸場の工員、教員や看護師などにかぎられていたが、大正時代にはデパートの店員、カフェの給仕、バスの案内人、電話交換手、タイピストなど、新しい仕事に就く女性が登場した。社会で働く女性は「職業婦人」と呼ばれたが、彼女たちの職場の制服として洋服が採用されたのである（図23）。明治時代に働く男性の洋服着用が早く進んだように、女性も社会に出て仕事をすることで、洋服を着る機会が得られたのだ。

モダンガールの登場

一方で、第一次大戦を経た西洋では一九二〇年代に、伝統的な因襲から解放され、自らの意志で自由に生きる女性たちが出現し、フランスでは「ギャルソンヌ」、アメリカでは「フラッパー」などと呼ばれた。彼女たちは、ショートヘアに濃いメイクアップを施し、丈の短いワンピースにストッキングをはいて脚を露《あらわ》にし、酒や煙草を好んでダンスやドライブを楽しんだ。

図23　神戸市バスの女性車掌（1930〈昭和５〉年頃．神戸市交通局ウェブサイトの「神戸市交通局100年史」, 58頁より）

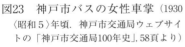

図24　モダンガール（1920年代頃）

このような新しい行動様式を取り入れた大胆な女性たちが、日本においては「モダンガール」と呼ばれるようになる。一九二〇年代半ば（大正末）には、新聞や雑誌で「モダンガール」の名が現れ、特集が組まれるようになった。断髪にワンピースを着てハイヒールをはく彼女たちは、しばしば「軽薄なモダン、ガール」（河崎　一九三四）と称され軽蔑の対象ともなったが、人々の注目を集めたことは間違いない。かたや、欧米の男性服の流行を取り入れ、山高帽に派手なネクタイ、ステッキなどを用いる男性たちは「モダンボーイ」と称された。

そして、モダンボーイやモダンガールは、「モボ」「モガ」と略して呼ばれるようになる。街を連れ立って闊歩《かっぽ》する女性たちの姿を見てみよう（図24）。洋服姿の二人の女性は、ゆるやかなシルエットのワンピースをまとい、頭にフィットしたクローシェ帽をかぶり、胸元にはアクセサリーを添え、足元にはハイヒールを合わせている。まだ大半の女性が着物を楽しんでいた時代に、このように積極的に洋服を取り入れる女性たちは、都市の風物となった。その姿は新しい時代の女性像を象徴するものとして、雑誌やポスター広告にもよく描かれた。

和洋華やかな装い

一九三〇（昭和五）年の杉浦《すぎうら》非水《ひすい》の広告も見てみよう（図25）。銀座三越の四月一〇日開店を伝えるポスターには、銀座四丁目角の三越の建物が描かれている。日も暮れた頃であるが、建物の中の照明がガラス越しに放たれ、店先を走る自動車のライトも道端を煌々《こうこう》と照らし出している。夜でも車で乗り付けて、明るい店内で買い物を楽しむことができるということを示しているようだ。建物の前には一群の人々が描かれている。

図25　杉浦非水《銀座三越　四月十日開店》（1930〈昭和５〉年）

ひときわ目立つのは、中央に描かれた洋装の女性である。肩から直線的に垂れ、ゆるやかなウエスト周りの上着、細かい襞《ひだ》が入って裾がやや膨らんだスカート、釣鐘《つりがね》型に頭にフィットしたクローシェ帽と、この時代の西洋の流行のファッションを身につけている。一方で、彼女の左右に描かれた二人の女性は着物を身につけている。向かって右の女性は紫や黄色の大柄が入った銘仙らしき着物を着ているが、ショートヘアの髪型にショールやクラッチバッグを手にしている。洋装の女性の後ろに続く若い女性は、赤地にハートのようなポップな模様が織り出された着物を着ている。二人とも和洋混淆《こんこう》の華やかなスタイルであり、百貨店での買い物を楽しんだのか満足げな表情をしている。

手前に描かれた男の子は、青い上着と半ズボンに同色の青の帽子をかぶっているが、みやげ物を手にして小走りしているようである。このような広告が、女性たちを百貨店へといざなった。

百貨店の婦人服

洋服の普及において、百貨店は重要な役割を果たした。多くの百貨店が、さまざまな商品を扱うなかで、婦人服の部門を開設し、流行のファッションを紹介するイベントを開催するようになる。たとえば大阪松坂屋《まつざかや》の婦人服部門は、フランスのデザイナーを招聘し、作品の展示を行った。光沢のあるイヴニングドレスにダイヤ入りのボタンと毛皮を合わせたスタイル、または午後のためのシックな黒サテンの訪問着などが展示された。

婦人服部門では、多数の生地とスタイルを取り揃え、二階のホールで洋服の注文を受け付けた。当時の様子を写した写真を見てみると、部屋の壁際には生地やマネキンが置かれ、女性たちが中央のテーブル周りを取り囲み、カタログを見ながらどのスタイルを注文しようかと吟味している。ところが、洋服を選んでいる女性はまだ着物を着ている（『ファッション』一〇。池田文庫所蔵）。

ファッションショーの開催

ファッションショーも開催されるようになる。松坂屋では、一九三五（昭和一〇）年五月に「夏の婦人服モード新作品発表」が行われた（『ファッション』一五）。会場となった七階の催事場は、椰子《やし》の木や棕櫚《しゅろ》、蔦《つた》などで柱が装飾され、ビーチサンダルなど夏の装身具や雑貨が置かれた。そして新作のファッションを身につけたモデルが、舞台上に登場した。たとえば白と青の麻布を用い、背中にリボンをつけたスポーツドレスや、バラ色の生地を用い、襟から肩にかけてスパンコールの装飾をつけたイヴニングドレスなどが紹介された。

また同じ年の五月には、大阪高麗橋《こうらいばし》の三越でもファッションショーが開催された。六日間にわたって行われたことから人気の催しと考えられる。ファッションショーは七階のホールで開催され、純白に真紅と漆黒の花模様の生地を用いたベルト付きのアフタヌーンドレス、またショールカラーに幅広のベルトを用いたスポーツドレスが紹介された（同前）。

当時の会場写真から、松坂屋でも三越でも、観客の女性の多くが着物姿であったことがわかる。日常的に和服を着ていた女性にとって、ファッションショーを見ることが楽しみの一つとなり、洋服への憧れが高まっていた様子がうかがえる。

デザイナーの登場

では、このような百貨店で、実際にファッションをデザインしていたのは、どのような人々であったのだろうか。松坂屋ではフランスのデザイナーであった「エレヌ女史」が招聘され、パリの流行に即したデザインを発表した（『ファッション』一〇）。また、三越では一九三一（昭和六）年頃から「ウエバー女史」が日本人向けのドレスのデザインを考案したという（『ファッション』一五）。高島屋でも一九三三（昭和八）年に婦人服の部門が設立され、日本育ちのアメリカ人ドロシー・エドガースがデザインを担当した（昭和館学芸部編 二〇二三）。一方、大丸では婦人服デザイナーの「里村女史」が「夏の婦人服展」のための新作を発表し、一九三五（昭和一〇）年にはアフタヌーンドレスやイヴニングドレスを紹介した（『ファッション』一五）。このように、当初は西洋から招かれたデザイナーたちが百貨店で日本人向けのファッションをデザインし、注文を受けることが多かった。

しかし徐々に、日本人のなかにも洋服作りを始める者が現れた。明治時代の生まれでヨーロッパやアメリカで留学・生活を経験した日本人女性が、洋服制作の技術を身につけ、帰国後に専門的な仕事に就き、洋裁《ようさい》教室を始めたのだ。なかでも有名となったのが、杉野《すぎの》芳子《よしこ》と田中千代《たなかちよ》である。

洋裁学校の誕生

杉野芳子は、一八九二（明治二五）年に生まれ、アメリカでの生活を経験し、帰国後の大正時代末にドレスメーカー・スクール（のちのドレスメーカー女学院）を開校した。また田中千代は一九〇六（明治三九）年に生まれ、夫の留学についてヨーロッパやアメリカでデザインを学び、帰国後の一九三二（昭和七）年に大阪心斎橋のカネボウサービスステーションで注文服のデザインを手がけたのち、神戸《こうべ》岡本に洋裁研究所を開いた。

田中千代の洋裁研究所の様子を見てみよう。一九三七（昭和一二）年に入学した第一期生、五〇名以上の生徒のうち、まだ半数以上が着物を着ている様子が見て取れる。しかし着物を着ている女性たちが、洋裁を学んでいる。教室の壁には、ドレスのプロポーションを示したイラストが掲げられ、生徒たちは机に向かって針に糸を通し、縫い物に集中している（図26）。洋裁を学ぶことへの熱意が伝わってくるようだ。

先に見たように、大正時代から昭和初期にかけては百貨店で洋服を入手することが可能であったが、それらは高級品に属するものであった。いまだ安価な既製服が普及する以前

図26　田中千代の洋裁研究所　第1回秋組本科の授業風景（1938〈昭和13〉年．学校法人田中千代学園提供）

には、誰もが百貨店で洋服を注文できるわけではなかった。それでも洋服が欲しいとなれば、人に頼んで作ってもらうのではなく、洋服の縫い方を学んで自分で作ってしまうのが手っ取り早い。つまり、洋裁の知識と技術を習得することが、洋服を手に入れるための近道となったのである。

そのため、多くの女性たちが洋服作りを望むようになったが、洋裁を専門的に学ぶ場はかぎられていた。なぜなら、裁縫《さいほう》は戦前の主要な女子教育であったが、日本の伝統的な衣服は「着物」であり、裁縫教育も「和裁《わさい》」を中心としていたからである。洋服を作るための「洋裁」は、洋裁家が主導して設立した教室や学校で教育されるものとなった。

雑誌の流行情報

また、雑誌のなかにも流行情報に特化したものが出版されるようになった。一九三三（昭和八）年一二月には、その名も『フアッション』

と題する雑誌が発行された。同誌は「外国のファツシヨン・ブックの中から日本人に向くもの等御紹介する考へではございます」と述べ、欧米の流行情報の中から日本人の体型や顔立ちにあったファッションを紹介した（『ファッション』二―一）。

創刊号では風俗研究家の江馬《えま》務《つとむ》が流行の移り変わりについて論じ、のちに国会議員となる石本静江《いしもとしづえ》が日本人の洋装のための提案を行っている。また「冬の婦人帽子のア・ラ・モード」を帽子店が紹介するとともに、田中千代が夏場の流行であるドレスの装飾について解説を行った。『ファッション』は兵庫県武庫郡精道《むこぐんせいどう》村（現芦屋《あしや》市）で出版された雑誌であったが、「ファッションもおかげで全国的に知られてまゐりました」と編集後記に記されるように、関西にとどまらない影響力を持った（『ファッション』七）。

また一九三六（昭和一一）年には、『装苑《そうえん》』が創刊された。その発行母体である文化服装学院は、一九一九（大正八）年に並木伊三郎《なみきいさぶろう》が開いた「並木婦人子供服裁縫店」に始まり、「文化裁縫女学校」として洋裁教育の各種学校の認可を受けたのち、改称を経て現在に至る学校である。『装苑』は、洋裁教育を行う学校の機関誌的な役割を担い、流行情報の紹介と洋服のデザインや作り方を掲載し、洋裁技術の普及に貢献した。

服装改善運動と簡単服

着物の改良

明治末から昭和初期にかけて、すなわち二〇世紀の初期は、日本の女性服に西洋ファッションの要素が取り入れられるようになった時代であった。着物の銘仙には西洋の芸術様式にならう図柄が用いられ、職業婦人の制服やモダンガールの洋装は西洋ファッションのスポーティなスタイルになった。このような変化は、西洋の女性服自体に起こった変革からもたらされた。

しかし、より機能的かつ活動的なスタイルが日本女性に影響を与えたのは、従来から日本の女性服に改良が必要とみなされていたからである。銘仙の着物やモダンガールの洋装のように人目を引くことはなかったが、着物をいかに改良すべきかという問題は、常に社会の通底に存在し、専門家たちが議論を続けていた。

従来の和服を社会の変化に応じて改良しようとする試みは、明治時代からあった。近代化を目指し富国強兵を推し進めるなかで女子の健康が重視されるようになり、健康の増進と体育の奨励《しょうれい》により、運動に適した衣服が求められるようになった。ところが、専門家たちの間で着物の改良の必要性が議論されたものの、庶民にまでは広まらなかった。

生活の改善と合理化

そして大正時代から昭和初期にかけては、生活の改善と合理化を目指して、政府や民間の団体がその普及に取り組んだ。西洋文化の流入によって衣食住にもたらされた和洋折《せっ》衷《ちゅう》の二重生活、第一次世界大戦による好景気で促進された消費生活、女性の社会進出や進学率上昇による家庭生活の変化を背景として、地域の団体や専門家たちが運動を推進した。なかでも文部省の外郭団体として一九二〇（大正九）年に組織された生活改善同盟会は、衣食住それぞれに委員会を設置し、生活の改善と合理化に対する具体的な提案を行い、機関誌を発行することで啓蒙活動を行った。生活改善同盟会が一九二四（大正一三）年に発行した『生活改善の栞《しおり》』には、日常生活や社交儀礼を改善するための提案が記されており、服装もその対象となっている。詳細を見てみよう。

服装改善をめぐる議論

服装改善の項目には、東京帝国大学教授であり医学博士である横手千代之助《よこてちよのすけ》を委員長として、およそ三〇人の専門家が名を連ねている。なかには文化服装学院の並木伊三郎や、東京美術学校（のちの東京藝術大学）講師であり、着物の図案制作も行った斎藤佳三《さいとうかぞう》の名前も記されており、服装教育で活躍していた専門家たちが参画していたことがわかる。冒頭では伝統的衣服に対する心情をいかに克服すべきかが述べられている。

かくて在来我国に行はれ来つた服装の如《ごと》きも、長い年月を経て父祖伝来と云ふ歴史的意義を加へ、国民特有の服装となつて居りますから、今急に之を改めることは如何《いか》にも残り惜しい様な執着心もありますが、現代といふ激しい生存競争の行はれる世界の大勢を通じて見ますと、決して皮相の国粋保存主義や一時脱《のが》れの虚栄心や若《も》しくは仕来《しきた》りの執着心に駆られて、何処《どこ》までも固執すべきものとは考へられません。（生活改善同盟会編　一九二四）

着物の伝統へのこだわりに理解を示しつつも、国際情勢を考えるならば、もはやそのような心情に囚《とら》われるべきではないとの主張が語られる。従来の服装は、伝統といえども現実的には欠点をいくつも抱えていることが明らかだからだ。「長い袖がからまつて手を動かすのに邪魔になつたり、しまりのない裳《もすそ》がひら〳〵して足を運ぶのに不自由であつたり、若《もし》くは少しの風にも捲《まく》り上つて脛《すね》や腿《もも》が露出する様な在来の服装が、汽車や電車で往来する複雑にして多忙な現代に、何時《いつ》までその命脈を保つものでありませうか」と、着物の欠点が具体的に列挙される。

そして、「生活一切の事情が機械力の猛威によつて急速に改められつゝある際、また之に準じて能率の問題が人類の活動をより激しく脅《おびや》かしつゝある時代に、果して是等《これら》時代後れの服装が何時《いつ》までも襲用して居られるものであるか」と述べられ、工業化を経た都市生活に従来の着物は不都合であり、新しい生活様式にふさわしい服装に改善すべきことが提案された。それでは実際にどのように改善しようというのだろうか。

和服の改良vs洋服の採用

服装全般については、「衣服の構造及び様式は衣服本来の職能を顧慮し、成《な》る可《べ》く之を簡単にして製作に手数を要せず、且《か》つ運動の自由を妨げざるものにしたい」とあり、衣服の機能と活動性を考え、なるべく簡単に作れるものを提案している。さらに「男子服は漸次《ぜんじ》洋式に改めてしまひたい」「婦人服も漸次洋服に改めたい」「児童服は成るべく速《すみやか》に洋服式に改めたい」と、それぞれの衣服について「洋服」の採用を推奨している。

ここで注意したいのは、従来の和服を改良するのではなく、すべて洋服を採用することが提案されていることである。結局のところ、不便な着物を改良するよりも、機能的で活動的な洋服を採用する方が合理的である、と判断されているのだ。そして、そのような洋服をここでは「作る」ことが求められているのである。いまだ世間に普及していない洋服を入手するためには自作せざるをえなかったが、洋服作りはハードルが高かった。

洋服作りの困難と工夫

着物を着用し、和裁に慣れ親しんだ女性たちにとっては、洋服を作るにも現実的な問題があった。それは、まず着物と洋服では、作る際の生地の裁ち方が異なることにある。着物は型が決まっているため、指示通りに直線的に裁断して縫えばよい。しかし洋服の場合はさまざまな型紙（パターン）があり、どのような形に生地を裁断すべきかが、女性たちにはそもそもわからなかった。さらには、洋服の型紙を取るにも、着物用の反物と洋服用の生地では織物の幅が異なるために、さまざまな工夫が必要となる。

そこで、和裁の範疇《はんちゅう》で、洋服的な衣服をなるべく簡単に作ろうとする試みが生まれた。それが大正時代から昭和初期にかけて広まった「簡単服」である。一枚の布を折り畳んで、身頃《みごろ》から袖を分けずに続けて裁つために、複雑な袖付けの必要がなく、裁断も裁縫も着物以上に簡単に済む。

簡単服の登場

「簡単服」の名称は、一九〇九（明治四二）年に出版された『みしん裁縫ひとりまなび』にすでに見られるが、ここでは一九二六（大正一五）

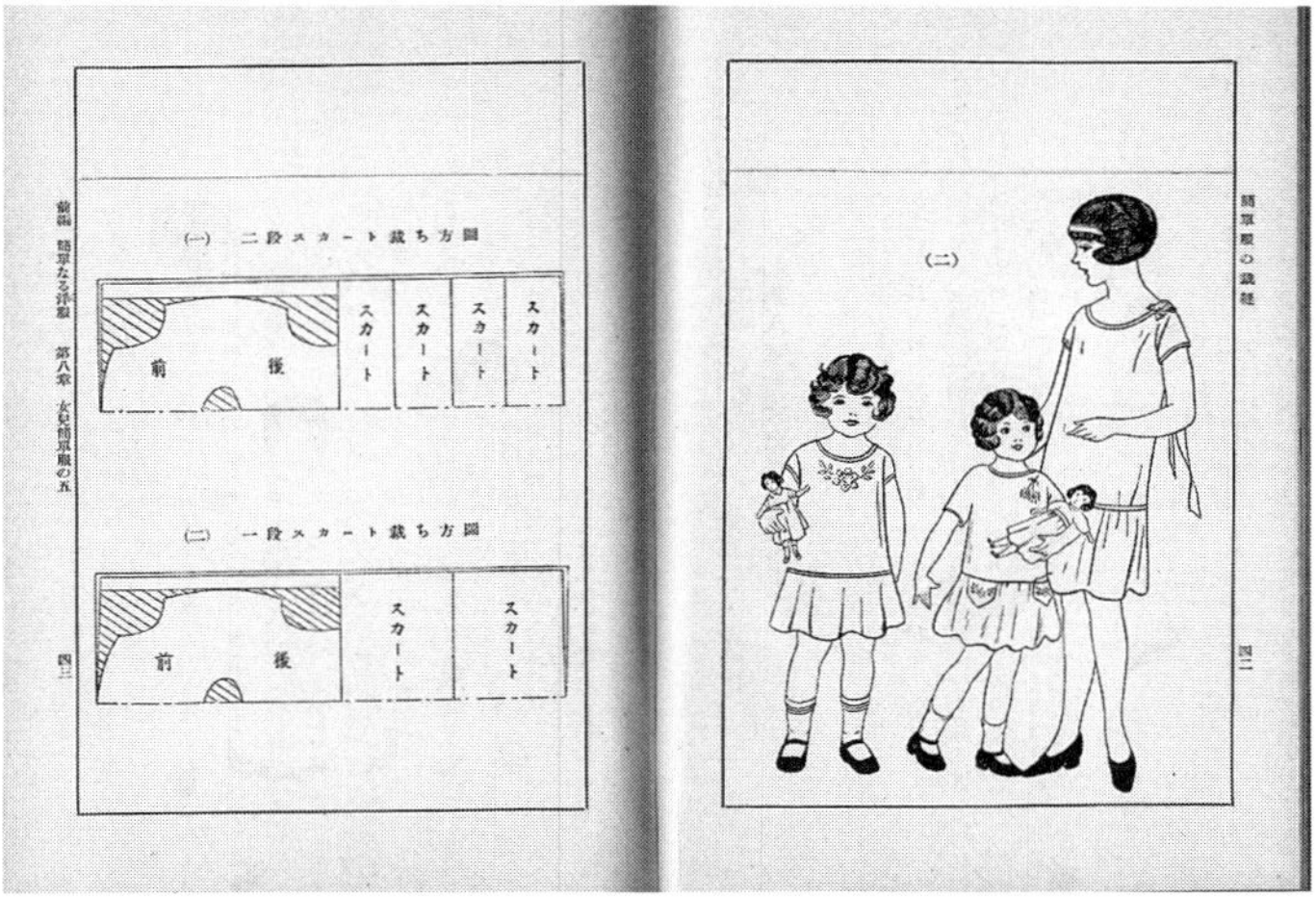

図27　簡単服（片岡さたよ『簡単服の裁縫』松花裁縫研究会，1926〈大正15年〉）

年に片岡さたよが出版した『簡単服の裁縫』を見てみよう。その冒頭には、「従来我国に於《おい》て洋服の裁縫といへば余程むづかしきもののやうに考へられ、日常服の裁縫までも専門家の手にまつことが多かつたやうに思はれます。されど少し心がけて研究すれば、洋服の裁縫とて左程むづかしきもののみとは限りませぬ」とあり、洋服作りへのチャレンジを勧めている。

　片岡によれば、十年前までの洋服は男子のみで女子はめずらしかったが、近頃は小学校や女学校の女子の洋装は日常的なものとなったという。「女子の洋服は男子の洋服とことなり形と色との変化に富み、（中略）之が裁縫を行ふことは単に経済の上ばかりでなく趣味の上に於ても面白味の多いことと思ふのであります」と述べ、主に女子の洋服を家庭で手作りするための方法を指南した（図27）。

この簡単服が重要であるのは、初期には子供用であったものが、大人の女性のための洋服作りへと展開していくことになるからだ。片岡も「簡単なる洋服又は普通に簡単服と称するものは裁ち方に製図を要せず、縫ひ方も袖附なく至極《しごく》手軽に出来る洋服の一種であります。されどその用途は極めて広く、小児の洋服は勿論《もちろん》、大人の洋服も夏物などには多く用ゐられまして最も実用的であります」と述べている。

「あっぱっぱ」の人気

簡単服は夏の衣類として広まるが、特に大阪の商人が、あっという間に着られてパッと裾が広がる服ということから「あっぱっぱ」と呼んで既製服として売り出したことで、それが俗称として広まったとも言われている。

「あっぱっぱ」は、蒸し暑い日本の夏に、太い帯を締める浴衣《ゆかた》よりも涼しくて風通しがよく、着替えも洗濯も楽であることから、急速に普及した。当時の新聞では、「婦人のアッパッパ即《すなわ》ちホームドレスの売れ行きは物凄いものであつた。前年の二倍三倍の売れ行きはさう珍しい方ではなく、甚だしい店では五倍も売れたといふ。全くこのところ不景気知らずであつた」と報道されている（『中外商業新報』一九三三年九月二二日付）。

そして一九三四（昭和九）年には、『国民百科大辞典』に「あっぱっぱ」の項目が挙げられ、洋裁家の伊東茂平《いとうもへい》が解説を記している。それによると、「洋服トシテ用《もち》ヰ《い》ルヨリモ、フダン和服ノ婦人ガ、特ニ夏ダケ暑サ避ケニ着ルモノデ、下着モ靴モ用ヰズ、殆ド洋服ノ域ヲ脱シテヰル」と書かれており、年齢にかかわらず多くの女性が下駄《げた》を合わせて気軽に着る日常着となった。ちょっとした外出用にも、働く女性のためにも、女学校を出たての若い女性に向けてもさまざまな改良や装飾が加えられていき、雑誌においてもおしゃれな簡単服の特集がさかんに組まれるようになる。

洋服育ちの女性たち

このように、生活の改善と合理化が進められるなかで、従来の着物の欠点を補うために洋服的な要素が取り入れられるようになる。女学校でも袴《はかま》に代えて、ワンピースやセーラー服などの洋服を採用する学校が増加した。なかには上級生が下級生の制服を仕立てる習わしをもつ学校もあった。洋服で学校生活を送り、洋裁の基礎的な技術を身につけ、たとえ帰宅後や卒業後には着物に着替えたとしても、洋服慣れした若い女性たちは徐々に増えていった。モダンガールや洋裁家たちの背後で、多くの女性たちが洋服を着る準備を整えていたのである。

「日本的なるもの」を追求する

戦中期（一九三〇年代後半〜四五年）

戦争と衣服——流行と統制

戦争の勃発

大正時代から昭和初期にかけては、ファッションの普及に向けた道筋が開かれた時代であった。男性の多くは職場で背広《せびろ》を着用し、家では和服に着替えたものの、洋服着用の習慣は広まった。一方で、女性の多くはまだ着物を着ていたが、図柄に流行が生まれ、洋装のモダンガールが登場した。産業と交通の発達した都市生活における着物の不便が明らかとなり、洋裁の知識と技術を身につける女性たちが出現した。すでに洋服を日常的に着用していた男性たちと同じように、次なる時代には女性たちも和服から洋服へと着替えていくように見えた。ところが戦争が、その道筋に大きな影響をもたらすことになる。

一九三一（昭和六）年の満洲事変《まんしゅうじへん》を経て、日本では軍国主義が台頭し、一九三七（昭和一二）年には日中戦争へ突入、一九四一（昭和一六）年には太平洋戦争へと展開し、第二次世界大戦の一部に組み込まれた。初期には快進撃を進めるものの徐々に戦局は悪化、本土の大空襲と原爆の投下を受けて降伏するに至った。非常事態にあっては生き抜くことに精一杯であって、身なりなど気にかけていられないように思われる。

しかし事変後の緊張のなかでも、服装における流行は見られた。そして戦況の悪化に伴い、人々の衣服に対する意識は変化していく。敵国に由来する「洋服」は微妙な位置に置かれ、ファッションは一掃され、西洋の模倣ではない、日本独自の衣服を追求する運動が起きる。そのなかで生み出された衣服は一見、ファッションとは思われない。しかし戦時中の衣服をめぐり活発な議論と実践が行われ、それが戦後のファッションへつながっていく。戦時期の衣服を検討せずして、日本のファッション文化の特質を語ることはできない。

情報の断絶

日本のファッション史を特徴づけているのは、二度にわたる情報制限である。一度目は、江戸時代に諸外国との交流に制限が設けられた時代であり、日本のファッション史は、この情報制限の解除とともに始まった。そして二度目は、第二次世界大戦を中心とする情報統制の時代である。西洋のファッションは否定され、それがゆえに日本の衣服とは何かという問題が浮上し、「日本服」を打ち立てようとする試みが生まれる。「洋服」の機能性を認めつつも、欧米からの借り物ではない、日本の衣服を作り出すための試行錯誤が繰り返され、時にそれらは矛盾を孕《はら》んだものとなった。

ここで「ファッション」は直接的には語られないが、それは日本のファッション史において戦争の時代を省略してよいということではない。なぜなら、戦時下における均質化された身体の経験と抑圧されたファッションへの欲望が、戦後のファッション文化を形作ることになるからだ。そこで、戦争の時代におけるファッションに関わる動向として、二つの点に注目したい。一つは戦況が悪化する前の流行であり、一つは物資不足が及ぼした影響である。

戦争柄と軍国調の流行

まずは一つ目の流行について見てみよう。戦争という社会情勢が、着物においては図案、洋服においてはスタイルに顕著となった。前者の着物については、伝統的な紋様の一つに矢羽根《やばね》をモチーフにした矢絣《やがすり》があるが、それが武器である弓矢の矢ということで好んで用いられるようになった。

また、特に男子用の着物や成人男子の襦袢《じゆばん》（下着）には、戦争の情景やモチーフを描いた「戦争柄」が生まれた。この戦争柄は日清戦争の頃から第二次世界大戦中まで、比較的長く見られた流行である。日清戦争で日本は大国を相手に勝利し国際的な威信を高めたが、兵隊や戦車、大砲、戦闘機などを通して、戦意の高揚、国家の威信、祝賀のムードが表現された。一九世紀末には浮世絵《うきよえ》風の絵柄だったものが、二〇世紀にはアール・ヌーヴォーやアール・デコの影響を受け、図案が様式化されるようになる。

戦争柄は基本的には男子用の着物であるが、庶民の間の身近な流行であった。というのも余談になるが、筆者が所属する神戸大学にも（旧教育学部の前身である）師範《しはん》学校の裁《さい》縫《ほう》の授業で制作されたと見られる戦争柄の着物が残っているからだ。当時「ニコニコ絣」と呼ばれた茶系の生地が使用されており、足首に脚絆《きゃはん》を巻いて歩兵銃を掲げた兵士、大砲や飛行艇の柄が表されている（図28）。このような着物も身近な代物であったことがうかがえる。

図28　戦争柄の着物（銃を掲げた歩兵や大砲〈左〉に飛行艇〈右〉の柄がある．神戸大学旧教育学部実習室に保管されていた）

では洋服はどうだろうか。昭和初頭の女性誌は、西洋の最新流行である優美なドレスを掲載していたが、一九三八（昭和一三）年以降になると、やや角張ったシルエットが目立つようになる。欧米で同時代に流行した軍服風のスタイルが日本でも紹介され、国内の緊迫した情勢と相まってもてはやされた。肋骨のようにあしらった装飾紐《ひも》や張り出したショルダーラインがヨーロッパで流行し、それが満洲事変から戦争へと突入した日本社会へもたらされて、軍国調の流行を生むことになった。とはいえ、まだこの時代には多くの女性が着物を着ていたことも忘れてはならない。だが洋服と和服のいずれにしても、戦意を鼓舞《こぶ》するようなデザインが登場したことは注目されよう。

物資不足の深刻化

それでは二つ目に、物資不足の影響はどうだろうか。明治以降の日本の代表的な輸出品は生糸であったが、昭和時代に入ると綿業が飛躍的に発展し、綿布の輸出量はイギリスの綿工業地帯であるランカシャーを凌《しの》ぎ、世界のトップに立った。またレーヨンを主とする化学繊維工業も発展し、生産の半数を輸出していた（千村　二〇〇一）。

しかしながら日本は綿布《めんぷ》や毛織物の原料となる綿花や羊毛をほぼ輸入に頼っていた。戦時に必要となるのは、絹やレーヨンなどの薄くて柔らかい生地ではなく、丈夫な木綿《もめん》や保温性の高い毛織物であり、それらが戦闘に必須である軍服の需要を満たすことになる。したがって物資不足となることは避けられず、戦争を遂行するために需給調整を行い、国民が日常生活で使用する布類や衣服を管理下に置く必要があった。

更生服とスフ

そこで一九三七（昭和一二）年には「国民精神総動員運動」と称して、戦意高揚を目指し国民を教化し、戦争協力に向けた体制作りが始まった。翌年には「国家総動員法」が施行され、政府は人的・物的資源の運用に大きな権限を持つことになった。綿花・羊毛の輸入制限に加えて、外貨節約のため、軍需用・輸出用を除く国内向け綿製品の製造・加工・販売が禁止され、人々は手持ちの衣服を活用せざるをえなくなった。布地を染め直して新しい色や柄の着物にすること、あるいは着物を解いて布地

図29　更生服（『婦人倶楽部』1941〈昭和16〉年１月号付録）

図30　洋裁学校の広告（『婦人倶楽部』1941〈昭和16〉年1月号付録）

に戻し、洋服や子供服に縫い直す方法が、雑誌で頻繁《ひんぱん》に紹介されるようになった（図29）。また防寒用のセーターが流行したが、セーターを解いて再び毛糸に戻し、それらを再利用する方法も雑誌で頻繁に特集された。このように、手持ちの服から、新しいものへとリメイクされた衣服を「更生服《こうせいふく》」と呼ぶ。そして家庭で洋服を作りたいと望む多くの女性たちの要望に応えて、戦争中にも数多くの洋裁学校が存在した（図30）。

だが、手持ちの衣服や家庭に埋蔵される布類にも限りがある。そこで木綿の代用品として注目されるようになったのが、ステープル・ファイバー（通称スフ）である。これは木材パルプを原料とした短繊維であるが、熱に弱く破れやすいという欠点があった。取り扱いの難しさゆえに、広告などでしきりにスフについての解説と啓蒙《けいもう》が行われた。スフで作られた帽子や鞄、靴下、学生服が登場し、綿や羊毛にもスフが強制的に混用されるように

図31　スフ製の学童服（1933〈昭和８〉年．昭和館所蔵）

なる（図31）。スフで作られた衣類を少しでも長持ちさせるために、衣類の耐久実験などがさかんに行われた。

贅沢禁止

さらに一九四〇（昭和一五）年になると、贅沢をとりしまる「奢侈品等製造販売制限規則」が公布された。七月七日に施行されたために七・七禁令と呼ばれた、不要不急の贅沢品や規格外の製品を製造・加工・販売することを禁じた規則である。たとえば宝石や貴金属を用いた指輪、金糸銀糸や豪華な絵柄のついた着物と帯、カメラや時計などの高額品が対象となった。物資不足の傍《かたわ》らで、戦争特需によって流通する高級品を規制することで、「生活を戦時に相応《ふさ》はしく簡素にし、国民精神をもっと緊張させ」、「華美浮薄《かびふはく》な生活態度を改め」させることが目的であった（日本経済研究会編　一九四〇）。「贅沢《ぜいたく》は敵だ」と呼びかけるポスターや立て看板が登場し、高級品を身につけることが禁じられ、身だしなみが監視の対象となった。宝飾品だけではなく、和服では振袖が贅沢とみなされ、袖丈を短くするよう取り締まりが行われた。

ファッションは敵性語

ことに「浮薄な」モダンガールがまとう洋装は、非難の対象となった。英語が敵性語と見なされるようになり、「看板から米英色を抹殺しよう」（『写真週報』二五七）と謳《うた》われ、英語の廃止論も高まりを見せた。雑誌も検閲を受けるようになり、横文字の「ファッション」も排斥《はいせき》の対象となる。戦前に登場した雑誌『ファッション』は、一九三七（昭和一二）年の段階では「フランスの各衣裳店を覗く」と題して、「ランヴアン」「ウオルト」「スキアパルリ」などのパリの有名デザイナーを紹介していたが、翌一九三八年になると様相が変化する。雑誌のタイトルに「女性と国策」というサブタイトルがつき、着物を着た婦人の後ろ姿が描かれるようになる。

そして一九三九（昭和一四）年の表紙には『ファッション』の文字はあるものの、およそタイトルには似つかわしくない古代の装束をまとった日本画風のイラストが掲載された。そしてついに『婦人評論』へとタイトルが変更された。このようにして、ファッションは追放された。

国民服――「新日本服」の考案

アメリカやイギリスと敵対的な関係となることによって、西洋のファッションにならう「洋服」は微妙な扱いを受けることになった。

日本の衣服を作る

幕末の開国以来、男性服では洋装化が進み、男性の多くがスーツを着用する習慣を身につけた。スーツは日本の近代化を目指すために模倣すべきものであったが、戦争により英米排斥と国粋《こくすい》主義的傾向が高まるにつれて、「日本らしさ」が求められるようになった。それは西洋にならう「洋服」ではなく、戦時下で男性が着るべき新しい「日本服」を考案する動向となる。この動向はのちに女性服に影響を及ぼすため、まずは男性服の変化から見てみよう。

新しい「日本服」を作り出す試みは、国家の組織的な運動であった。一九三八（昭和一三）年、国民精神総動員中央連盟は、陸軍省および厚生省などの協力のもとに「服装に関する委員会」を組織し、「日本民族の独自且《かつ》進歩的なる、また世界の衣服文化に於《お》いて指導的なる日本服を完成すること」（被服協会編　一九四〇）を目的とした。西洋の模倣ではない、日本独自の衣服、そしてアジアでの覇権を握ろうとする日本の優位を示す衣服を作り出すことが目標とされた。この「日本服」が「国民服」と呼ばれる衣服となる。

連盟の改組によってその取り組みは中断したが、一九二九（昭和四）年に陸軍省経理局により設立されていた被服協会が、その運動を継承した。被服協会は「軍民被服の近接、被服資源の開発、（中略）国民被服の合理化等」を目指して活動し、新たに「国民被服刷新委員会」を設置した（同前）。そして東京日日新聞社と大阪毎日新聞社の協賛により一九三九（昭和一四）年に「国民服」の懸賞募集を行い、入選作品をもとにデザインの検討や改変を行った（被服協会編　一九四〇）。

国民服の制定

こうして一九四〇（昭和一五）年、国民服令（一一月一日勅令）により「大日本帝国男子ノ国民服」が制定された（図32）。この「国民服」には二種類のデザインが用意された。それぞれ甲号と乙号と称され、どちらも上衣と中衣と袴《はかま》（ズボン）の組み合わせからなる。軍服への転用が目的とされていたため、デザインは軍服の形に近かったが、従来の洋服と同様の「チョッキ、カラー、ネクタイ、ワイシヤ

図32　国民服．甲号（右）と乙号（左）（『被服』11-8）

ツの代りに中衣を用ゐる点」に特色があった（『被服』一一―八）。

甲号と乙号の主な違いは、襟の部分にある。甲号は立折襟式開襟《たておりえりしきかいきん》（小開き）の上衣であり、基本開襟式であるが、襟を立てることで立折襟となる。また、乙号は立折襟専用の上衣であるが、専用と言いつつ開襟にもできるようになっている。甲号も乙号も洋服の形式にならいながらも、随所に日本的特徴が盛り込まれた。

日本らしさの追求　たとえば甲号の上衣の胸部にある縦型の物入れや中衣の襟の衽形《おくみなり》は、「古来の被服にあつた特徴を活かしたもので、全体の気品を高からしめてゐる」（『被服』一一―八）とみなされた。一方、乙号の中衣の襟は、洋服とは異なる合わせ襟を採用しており、着物の伝統が意識されている。また袖《そで》は筒袖型であり、脇や裾《すそ》も開閉自在で、活動性を考慮したデザインとなっている。さらに『被服』によれば、これらの中衣の仕立ては、生地や色合いの制限はなく、家庭で有り合わせの材料を用いて作ることができ、決して洋裁技術を必要とはしないという。

このように、洋服の要素が排除され、日本古来の和服の要素が随所に加えられた。それは、軍服への転用や材料の民間備蓄という現実的な目的に加えて、「洋服の日本化」が目標とされていたからであった。『国民服（男子用）の手引き』に記されるように、日本が「東亜の盟主として東亜の諸国を率ゐる」にあたって、「東亜諸国」には固有の衣服があるにもかかわらず「日本国民の常服が完全に欧米模倣」であることはおおいなる問題と捉えられた。それが「須《すべか》らく日本官民の智能を蒐《あつ》め世界の水準を抜きたる新日本服の研究、制定を提唱した理由である」という（被服協会編　一九四〇）。国民服の制定によって、日本独自のアイデンティティを構築することが目指されていたのである。

国民服着用の実態

では、このような理念のもとに誕生した国民服は、どれほど普及したのだろうか。一九四二（昭和一七）年に行われた「国民服の着用考現学」という調査がある。これは、吉田謙吉が学生を指導して銀座の街角で行った風俗採集の調査である。この結果を参照してみると、和服が五％、洋服が八三％、国民服が一二％であったという（『国民服』二―八）。国民服を着用しているのは、十人に一人程度という割合である。さらに甲号と乙号の着用の別については、甲号が四〇％、乙号が六〇％であったという（同前）。ここで国民服の着用のされ方として、興味深い実態が認められる。それは、乙号では上衣の形によるためかネクタイの着用者は見られないが、「甲号着用者のうち、実に六一％がネクタイを着用している」ことであった（井上二〇〇一）。

国民服の特徴を思い出そう。国民服は二種類ある上衣が注目されがちであるが、「中衣」が最大の特徴であった。つまり「日本襟の伝統を活かした中衣を着用して、首を締めつける不衛生、窮屈なカラー、ネクタイをなくするといふのが国民服制定の一眼目である。カラー、ネクタイを用ひたのでは国民服を着用してゐるとはいへない」とさえ言われた（『被服』一一―八）。ところが現実には、銀座という限られた場所であるにせよ、甲号を着用していた男性のうち半数以上が、洋服の特徴であるネクタイをつけていたというのである。ならば、彼らは「国民服を着用してゐるとはいへない」という皮肉な事態が発生していたことになる。

国民服の矛盾

新しい「日本服」として考案された国民服は、さまざまな矛盾を孕《はら》んでいた。それは「洋服」である軍服にならいながら、新しい和服を作り出そうとする矛盾である。しかし日本が西洋の軍服を取り入れたのは、そもそも和服が洋服の活動性に敵わないからであった。大正時代の生活改善運動においても、男性服だけでなく子ども服も女性服もすべて「洋服にしてしまう」ことが提案された。生活改善運動の委員たちは、和服を改善するよりも、洋服をそのまま取り入れる方が合理的であると理解していたのである。生活改善運動にも国民服考案にも携わった斎藤佳三《さいとうかぞう》が「「大日本国民服の完成」と云《い》ふ目標は、大正九年生活改善同盟会に提唱した私の信念であつた」（斎藤 一九三九）と述べているように、衣服の合理化運動の延長線上に「国民服」が生まれた。

しかし「日本の衣服」を創造するとはいったいどういうことなのだろうか。洋裁家の田《た》中千代《なかちよ》によれば、「国民服とは本来は、その国、その民族が長い間着馴れてきたその国その民族独特の服のことで、気候や風土や習慣、産物、産業等によつて、いつの間にか自然に生まれた服、つまりナショナル・コスチュームに相当するもの、例えば（中略）印度《インド》のサリーなど」のことであるという。そして、「自然に生まれない限り、それは例《たと》へ国民服（中略）とよんでみましても、なかなかぴつたりしてこないのではないかと思ふのでございます」と自らの見解を述べている（大政翼賛会文化部編 一九四二）。

「日本的なるもの」の限界

しかし、日本で「自然に」形作られてきた服には改善が求められていた。和服に活動性をもたらすために、日本古代の衣服への回帰が謳《うた》われ、「筒袖」や「袴」が推奨された。だが、筒袖や袴は中国の影響のもとに発展した衣服であり、どちらかといえば「洋服」に近い立場にある。

歴史的に日本的な衣服とみなされてきたのは、平安時代の国風文化で発展した宮廷衣装に端を発する着物であり、十二単《ひとえ》や小袖《こそで》は、静的な環境において鑑賞に優れた優美性をもつことにその特徴があった。つまり、長い袖や裾など最も非活動的な要素が和服の最大の特徴であり、それらを改善しなければならないのであるならば、洋服にはない衿合《えりあ》わせや烏帽子《えぼし》などを加えることで、かろうじて「日本らしさ」を保つしかない。苦肉の策としてデザインされたのが国民服であったと言えるだろう。

しかし、国民服が「日本的なるもの」を追求する限り、「洋服」を超えることは難しい。なぜなら「スーツ」に代表される洋服は、そもそもある国家や民族の衣服ではなく、それらを超えた「近代」の象徴であったからだ。「新日本服」が「国民服」を目指す限り、その野望はある種の限界を初めから抱えていたと言わざるをえない。

国民服の普及

国民服は、当初は着用の義務はなく奨励《しょうれい》されたものであったため、すべての男性が取り入れたわけではなかった。しかし制定から三、四年たつと急速に普及した。その理由の一つには、一九四二（昭和一七）年に衣料の配給制度が開始されたことがある。物資不足が深刻化し、繊維製品の消費を規制するために、点数制の切符が国民に割り当てられ、衣料が分配された。切符には細かな指定が設けられ、背広が五〇点であったのに対して、国民服一着は三二点であった。ならば点数の低い国民服を買う方が節約できるということになる（井上 二〇〇一）。

さらに一九四三（昭和一八）年には「戦時衣生活簡素化実施要綱」が閣議決定され、乙

図33　背広を国民服へ改造することが奨励される
（『婦人倶楽部』1943〈昭和18〉年10月号）

号が基本の国民服となった。そこで婦人雑誌では、背広を国民服に改造することが奨励された（図33）。着古して襟山の擦り切れた背広の襟と前合わせを直して、乙号の国民服を作り出す方法が紹介された。現実的な衣料不足への対処として、国民服が広まっていく。

その様子を、大日本国民服協会の常任幹事も務めた井澤眞太郎《いざわしんたろう》は、こう述べている。「「流行」といふ自由主義時代の表現を用ひるくらゐに、「着用の比率」が向上して来たのは、いつたい、何を物語るものであらうか」（井澤　一九四四）。軍服近接という名目のもとに支持を得た国民服が、まるで日本のファッションであったと言うかのような発言である。

婦人標準服の理念と挫折

女性用の国民服

国民服が制定されたとなれば、女性用にも新しい衣服を考案しようという気運が高まった。しかし、国民服は軍服の民間貯蔵という現実的な目的があったが、女性は戦場で軍服を着るわけではない。家庭で生活する女性の衣服を、何をもって新しく創造するのかは明確ではなかった。とはいえ、限られた物資のなかでどのように装うのかは、女性たちにとって切実な問題であった。

洋裁家のアイデア

国民服が発表された一九四〇（昭和一五）年、洋裁家の田中千代は『創作スタイルブック3』を出版している。田中はこの本のなかで洋服のスタイルを提案しているが、ファッションに対する批判的な風潮を考慮してか、「現在の流行を伝へるものではない」と前置きをしている。そして、国内にあるかぎられ

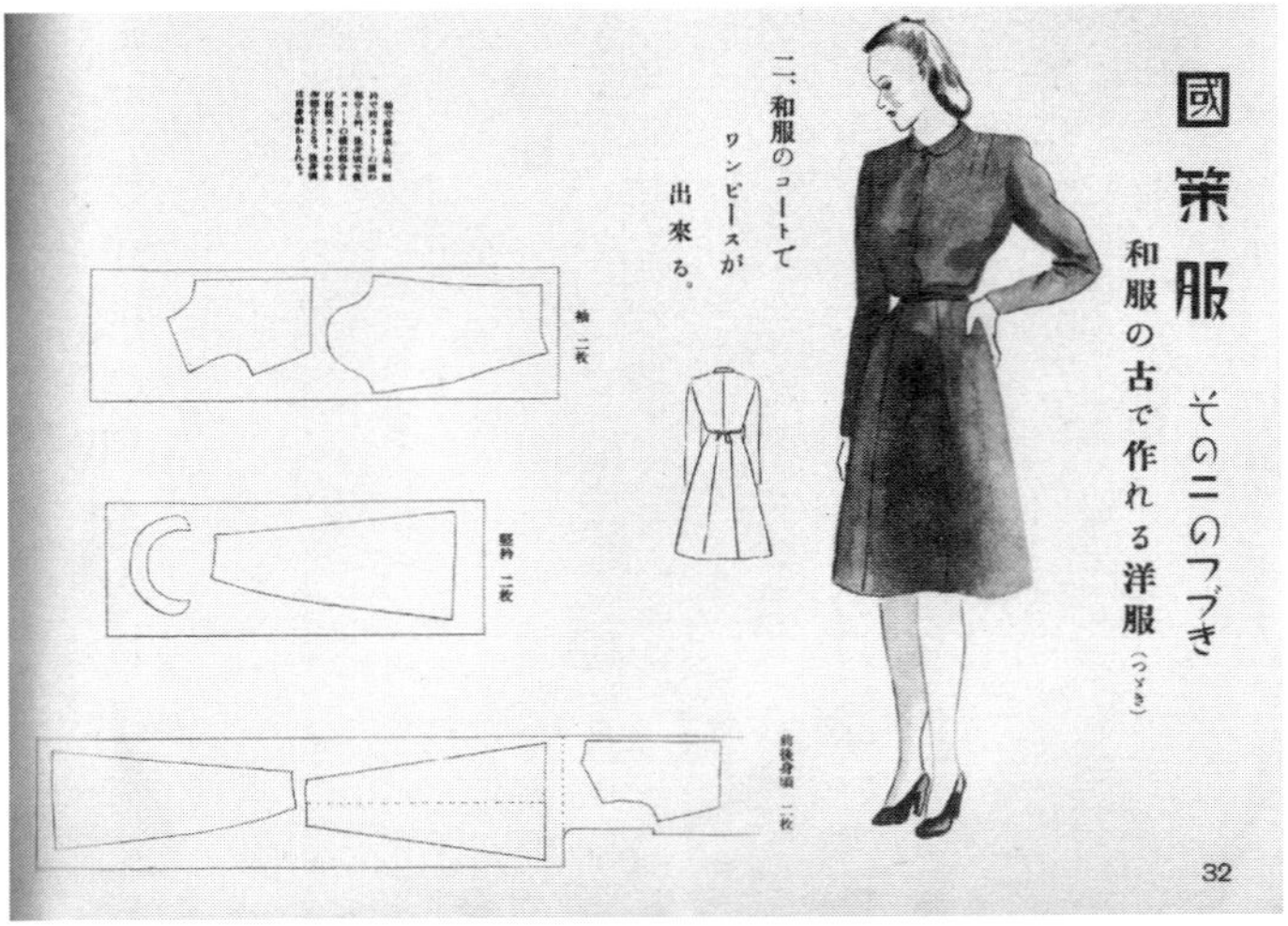

図34　国策服（田中千代『創作スタイルブック3』実業之日本社，1940〈昭和15〉年）

た布地で作ることができるもの、普通の材料でできるもの、「美しいが特殊の人でないと着られない」デザインではなく、誰にでも着られる服のスタイルを提案し、肩の張ったスーツや膝丈のワンピースなど、実用的なものを多数掲載した。戦時中においても洋裁の人気は衰えず、スタイルブックや雑誌などが出版され続けていた。

洋服が敵国に由来するものであるとしても、洋裁の技術を使って活動的な衣服をデザインすることは、戦時下の洋裁家たちに課せられた重要な仕事であった。田中千代の『創作スタイルブック３』には日常的な洋服のほかに、女性用の「国民服の準備」として「国策服」なるものが掲載されている（図34）。田中は、力仕事もできる労働服とは別に、団体生活に適し、礼儀にかない、合理的でありつつも休息できる「家庭服」を紹介しているが、中途半端な用途で一つにデザインを絞るよりも、最初から数種を設定して上下を組み合わせるのがよい、と提案している。数種の上着にズボンやスカートを取り替え、日常生活の多様な場面に対処しようとした。

たとえば「和服の古《ふる》で作れる洋服」では、「銘仙の絣 袷《かすりあわせ》の着物でジャケット、スカート、ブラウス、スリップ、シュミーズが出来る」、あるいは「和服のコートでワンピースが出来る」として、和服を活用するデザインを紹介している。和服から洋服への改造は女性たちの洋裁の知識や技術あってこそ実現されるものであり、「更生服」をたびたび作ってきた女性たちに向けた現実的な提案であったといえる。そして、田中が数種類を自由に組み合わせる国策服を提案したように、女性用の国民服を一つに絞り込むには大きな困難が伴った。

男性と女性の相違

男子の国民服は甲号と乙号があるとはいえ、基本的には軍服をモデルとしたデザイン違いである。しかし女性の国民服のモデルを軍服とすることはできない。当時においては、男女は生活も異なり「剛健美と優美と云《い》ふが如《ごと》きもまた両者の本然的相違である」（『被服』一一―七）とされ、男性と女性は行動も性質も別物だとみなされていた。

ここで、男性服の場合はすでに洋装化が進んでおり、洋服の日本化を目指したものが国民服となったが、いまだ着物が多かった女性服においては、改善の必要な着物をモデルにするか、敵国由来でありつつ合理的な洋服をモデルにするかも定まらなかった。それゆえ、女性用の国民服の考案にあたっては、さまざまな立場の人々が口々に意見と思惑を主張した。

紛糾する議論

洋裁家たちが日本服飾家連盟を組織して研究中の試作品を持ち寄り発表会を開催する一方、厚生省は婦人服改善懇談会を開催した。しかし「婦人の服装に関しては、伝統的な美を失はないやうにといふ意見と、新しい美を国防的要求と体位向上の目的に副ふところに求むべきであるといふ意見とがなか〳〵統一されず、諸家の意見が纏《まとま》らないやうである」と記されたように、混乱を極めた（科学主義工業社編一九四二）。特に、着物の伝統に対するこだわりは強かった。

たとえば図案家であり京都高等工芸学校（現京都工芸繊維大学）教授であった向井寛三郎《むかいかんざぶろう》は「改良論のあるものには、その長い袖に文句をつけてゐるのを見るが、袖の形の美しさは、日本の服装の特色である」と述べ、「本来の使命が、母とし妻として家庭内に生活する点にも重点を置かねばならないならば、日本婦人の特色である「しとやかさ」の表現も大切であり、静けさと、深みの感覚を盛ることも忘れてはならないと思ふ」（『被服』一二―四）と改良を阻むややこしい注文をつけている。

それに対し、日本女子大学で教鞭をとりつつ、厚生省婦人標準服研究会などの委員を務めた岩本許子《いわもともとこ》は「今度の服装改革は、西洋から入つて来たものに合理的な批判を加へて、日本的に同化した洋服に優る日本服を作り上げて行かうといふのでございます。此《こ》の根本を指導者は良く認識されまして、確信を持つて大東亜の盟主たるにふさはしい服装を完成させて頂き度《た》いのであります」と主張した（岩本 一九四四）。

婦人標準服の制定

対立する意見を調停するためには、あらゆる要望を取り入れるしかなかった。結局のところ、「非常時の活動に便利で且つ優美と保健衛生とを兼ねるといふ、むづかしい注文の婦人服を制定するといふ方針には一致した」という（丸山 一九四二）。厚生省は国民服と同様に、被服協会と大日本国民服協会の協力のもとに懸賞募集を行いながら研究を進め、次の方針に基づき決定を行った（『週報』二八七）。

一、日本婦人の服装として相応しく日本的性格を表現することを根本理念とすること

二、質実簡素にして、容儀を正しくし、真の女性美を発揚させること

三、民族増強の要請に応じ婦人の保険上、最善のものとすること

図35　婦人標準服（『婦人服装』119，国際服装研究社，1943〈昭和18〉年）

四、婦人の活動能率の増進上、最適のものとすること

五、現下の繊維事情に鑑み退蔵衣類の活用、衣料の節約等、経済上、最適のものとすること

六、婦人の生活に即応させ、自家裁縫主義を徹底すること

こうして一九四二（昭和一七）年、厚生省が発表した「婦人標準服」が、多数のバリエーションを有し、統一的な女性用国民服とはならなかったことは、その名称に端的に表れている。婦人標準服には甲型と乙型の二種類が用意され、付随して活動衣が制定された（図35）。おおまかにその特徴を述べると、甲型は洋服型、乙型は和服型に相当する。詳しく見てみよう。

婦人標準服の特徴

甲型は、ツーピース型の二部式とワンピース型の一部式がある。洋服的な形に見えるが、袴などの和服を活用して仕立てることが前提とされており、上衣の身頃が（洋服と異なり）右前、すなわち「日本式襟合わせ」であることにこだわりがある。二部式、一部式ともにデザインが二つあり、二部式は上下の組み合わせは自由である。

一方、乙型は和服に基づくが、身体の活動性と布地の経済性を考慮して、上衣と下衣に分割した二部式の提案である。しかし、「これを一部式となすことを得」と述べられており（『週報』二八七）、従来のまま上下が繋がった着物としてもよいという。ではどこが改善されたのかというと、和服型であるので前合わせは右前であるが、袖は船底型の筒袖に短く切られており、丈も膝丈程度の長さとされており、動きやすさと布地の節約が考慮されている。

婦人標準服に対する批判

このように、婦人標準服には多数のバリエーションがあり、その組み合わせは自由で、アレンジして応用が可能であった。先の岩本は婦人標準服に対して、「洋服より一歩進んだ自覚的日本服と云ひ得ると考へます」と肯定的な意見を述べているが（岩本 一九四四）、実際にはさまざまな批判があったようだ。「これまで和服ばかり着てゐた、いはゆる国粋論者は乙型（和服系）を嫌つて甲型を着たいと云ひ、反対に洋装系は乙型なら着るが甲型はごめんだ、と云ふ。ある人が、このことは現在の標準服が中途半端なことを現はしてゐると言つた」と、井澤は述べている（井澤　一九四四）。

和服を着ていた伝統主義者たちは、和服が奇妙に改変されることを望まず、一方で洋服を擁護する者たちも、微妙に日本的要素の加味された衣服を好まず、結局どちらの支持も得られないようなものになってしまった。そして確かに、婦人標準服はほとんど普及しなかったのである。

不評の要因

その不人気さは「婦人標準服の普及を望む」という記事が雑誌に掲載されるほどであった。それはなぜか。「その唯一の理由は、美観に於て劣ることである」（『生活』一九四三年四月号）。先の井澤も「誰でも容易に云ふ言葉は、婦人標準服は野暮だ、きれいでない、といふことであらう」と述べている（井澤　一九四四）。婦人標準服は、従来の和服の欠点を取り除き、着物の帯を外し、袖丈を短くし、活動を考慮した服であった。ところがいかに合理的な衣服になろうとも、格好の悪さが最大のネックとなった。女性たちにしてみれば、家にはまだ着物がしまってあるなかで、わざわざ不恰好な婦人標準服を率先して作る気はなかなか起こらなかっただろう。

国民服と同様に婦人標準服が着用を強制するものではなかったことも影響した。しかし次第に普及した国民服と異なり、婦人標準服は制定から終戦まで広まることはなかった。重要な点は、女性たちはこの衣服をほとんど作らなかったという事実である。つまり、戦前から銘仙や洋服で流行を楽しむ習慣を身につけ、戦時中もパーマをかけようとした女性たちは、婦人標準服をおしゃれとは見なさず、自らの意志で選択しなかったということなのだ。それでは女性たちは何を着るようになったのだろうか。

「白エプロン」、モンペ、防空服

女性服の実際

戦争中にも百貨店は人々の需要に応えていた。婦人標準服が制定された一九四二（昭和一七）年の三越《みつこし》のPR誌には、さまざまな商品が掲載されている（図36）。男性店員が戦場に向かい、銃後を守る女性店員が特集されており、子ども用品や図書、文具のほかに前線の兵士たちに送る慰問袋《いもんぶくろ》や日用品、国民服や国民服外套《がいとう》なども紹介されている。

女性用の衣類については、婦人服・婦人外套の取り扱いがあるほか、銘仙などの反物が多数掲載されており、値段とともに衣料切符の点数が記されている。しかし百貨店の商品としては注目されないが、戦時中に多くの女性たちが取り入れた衣服があった。それが、「白エプロン」、モンペ、防空服である。ここではそれらを順に見ていこう。

國民服と 國民服外套

	円		円		點數
背廣三ツ揃	45.00	より	60.00	まで	50
替ズボン	8.00	〃	12.00	〃	15
ジャンパー	8.00	〃	25.00	〃	20
學生服上下	28.00	〃	33.55	〃	32
學生外套	25.00	〃	37.00	〃	40
學生マント	23.00	〃	35.00	〃	40
教練ズボン	6.10	〃	6.65	〃	12
國民服上下	30.00	〃	45.00	〃	32
國民服中衣	9.20	〃	18.50	〃	10
國民帽子	4.20	〃	13.50	〃	
儀禮章(本絹)	2.30				
儀禮章(人絹)	.80				
中衣代用襟	1.28				1
中衣代用袖口	1.12				1
片前オーバーコート	40.00	〃	75.00	〃	50
兩前オーバーコート	40.00	〃	86.00	〃	50
國民服オーバーコート	35.00	〃	50.00	〃	40
角袖外套	41.00	〃	50.00	〃	40
トンビ	55.00	〃	75.00	〃	40
正絹レインコート	35.00	〃	45.00	〃	8
(正絹レインコート裏交織の品)					30

婦人子供 冬の雑貨

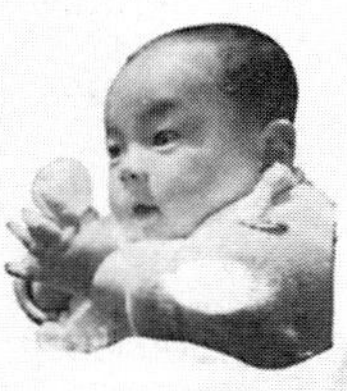

品名	點數	金額
婦人帽子	|	七・六〇より（円）
婦人手袋	5	一・二〇〃
婦人スエーター	20	三・五〇〃
婦人スカート	12	六・八五〃
婦人ブローチ	|	一・〇〇〃
婦人ベルト	|	一・五〇〃
婦人スリップ	8	三・五〇〃
婦人ズロース	4	〇・九五〃
婦人用襦袢	6	二・五〇〃
都腰巻	12	三・五〇〃
婦人絹靴下	1	三・一〇〃
子供帽子	|	二・五〇〃
子供手袋	3	〇・五〇〃
子供スエーター	10	三・五〇〃
登校着	10	三・〇〇〃
子供パンツ	5	四・〇〇〃
子供靴下	1	〇・五〇〃
(子供の、點數は、八歳以下の點數を記入)		
乳兒服	5	八・〇〇位より
乳兒用ケープ	5	七・〇〇位より
(以上いづれも絹製品の點數は四分の一)		

図36　百貨店の取扱商品（『三越』201）

白エプロン

まずは、女性たちが奉仕活動の際に着用し、当時「白エプロン」と呼ばれた割烹着《かっぽうぎ》である（図37）。もともと大阪で出征兵士の見送りや傷病兵の帰還にあたって湯茶を振る舞っていた婦人たちの活動から、一九三二（昭和七）年に大阪国防婦人会が発足した。さらに軍部の支援を受けて大日本国防婦人会が発足し、会員約一千万人となる全国的な組織となった。主に既婚女性を中心としていたが、和服の上に割烹着を着て、その上に「大日本国防婦人会」と書かれた白いタスキをつけて活動を行った。

割烹着を着るようになったのは、「立ち働くのに婦人達は和服の裾が風で吹きめくられたり袖が邪魔になつたり、或《あるい》は泥其の他で汚れたりするので皆ん之《(ママ)》は堪まらん「台所着で出て来ませう」と活動に便利なエプロン姿で出勤したのが始まりです」という（大日本国防婦人会総本部編　一九四三）。つまり、和服の不便を改善するために割烹着が用いられるようになり、それが華美な装いを抑止することにも効果的とみなされるようになったのである。

ちなみに、割烹着は明治時代末に赤堀《あかほり》割烹教場で考案された衣服とされ、その後、台所の調理用だけではなく清掃や裁縫などの際にも利用される「働き着」となった服である（今井　二〇一二）。いわば家庭の主婦の象徴としての割烹着が、戦時における奉仕活動の制服の役割を果たした。初期には「「エプロン」なんか女中が着るもの」だとする女性が幅を利かせて一悶着《ひともんちゃく》起きたこともあったというが、次第に「兵隊も白エプロンを見ると国婦の人達だと云ふ様になり、遂には白エプロンを掛けてゐる婦人は日本婦人だと云ふ様になりました」（大日本国防婦人会総本部編　一九四三）と広く認知されるようになった。

「白エプロン」を誇りとみなした女性たちの回想も数多く残っている。「白襷《しろだすき》白エプロンは国婦の制服として名実共に国を堅《かた》める母の姿となつたのでございます」（『日本婦人』

図37　大日本国防婦人会の白エプロンと白襷
（『日本婦人』1942〈昭和17〉年３月号）

一九四二年三月号）との証言や、「満洲事変から（中略）、更に大東亜《だいとうあ》戦争へと常にこの制服と共に戦ひ来つた私達であります」（同前）と述べられたように、家庭の台所を飛び出した主婦たちの気概を高める制服の役割を果たしたのである。

モンペ

次に、戦時中の衣服で注目すべきはモンペである。モンペはもともと農村の作業着である。形状としては、左右の布を縫い合わせ、股の部分にマチをつけ、ウエストの部分を紐でくくり、裾をしぼった袴である。腰から下の膨らみが特徴的な衣服であるが、これは着物の裾を中にしまい込んで着るためである。着物の裾の乱れは改善の対象とされたが、モンペのなかに入れてしまえば問題ない。

また、二股に分かれた袴型であるので、活動もしやすい。そのため、空襲に備えた訓練が実施されるようになると、参加する女性たちがモンペをはくようになった。しかし、モンペの評判は芳《かんば》しくなかった。「筒袖モンペなんて、そんな野暮な服装は真平だといふ人があるかも知れない」と言われたように、腰元が膨らんだ格好が見栄えが悪く、なかなか支持を得られなかった（『生活』一九四〇年四月号）。

モンペが不恰好に見えるというのは、当時の一般的な反応であったようで、格好良く改良したデザインがたびたび雑誌で提案されるようになった。たとえば杉野芳子《すぎのよしこ》のドレスメーカー女学院が発行した一九四一（昭和一六）年の『D・M・J会誌』一六には、「改良モンペイ」の作り方が紹介されている。「今迄は或る地方にのみ存在して居たモンペイが、時局柄全国的に進出して来た現今、在来のまゝでは少し物足りない点もございましたので、少し改良を加へて試作して見ました」というモンペのデザインは、着物の裾が入る股上は長めにとってあるものの、ウエスト周りのタック（襞《ひだ》）をたくさん取り、スッキリと見せようとしている。モンペの膨らみを抑えると、ズボンに近い衣服となる。

同じ『D・M・J会誌』には「報国ユニフォーム」という名の衣服も掲載されており、こちらも細めのズボンである。

モンペ風ズボン

一九四一（昭和一六）年の「国民勤労報国協力令」を受け、さまざまな学校で軍需工場などにおける無償労働に若者が動員されることになり、洋裁学校でも奉仕活動を行う報国隊《ほうこくたい》が結成された。その隊員たちが着るためのユニフォームである（図38）。

「制服であると云ふばかりでなく非常時服勤労服」としてデザインしたという衣服は、上下つなぎのユニフォームであり、前はファスナーで開閉するが、下半身はズボンである。杉野はこの服の評判を、「どの様な労働にも進んで向ふ気概を起させる様な雄々しさ、りりしさを望んでデザイン致しましたので、果して優しい感じの方にはどうかと心配致しましたが、不思議と誰にでも似合ひ、評判も大変に宜しいので喜んでゐます」と述べている（『D・M・J会誌』一六）。こうして、二股のズボンやモンペ風ズボンが注目されるように

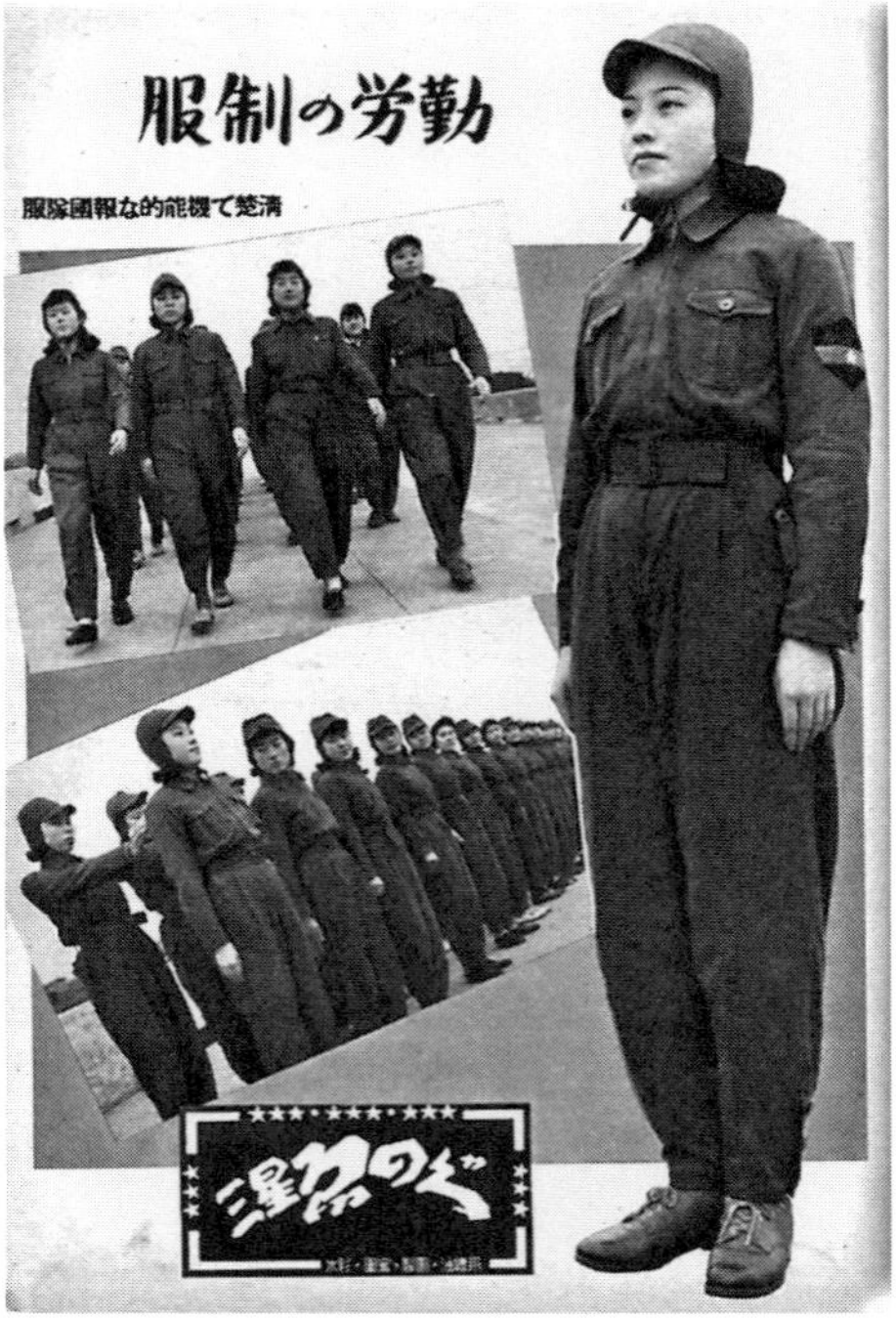

図38　ドレスメーカー女学院の報国ユニフォーム（『婦人朝日』1942〈昭和17〉年３月号）

なる。

防空服と防空服装日

婦人標準服が制定された際に、モンペはその活動性から「活動衣」として制定された。しかし、いくら活動的と言われても、もともと農村の衣服であり、都会の女性たちが日常着とするには抵抗があっただろう。ところが本土空襲を受けたのちには、再びいつ来るともわからない空襲に備える心構えを説く記事が、新聞や雑誌で多く見受けられるようになる。

そして訓練のために着用する衣服が「防空服」もしくは「防空服装」と呼ばれるようになった。それらはそのままの格好で訓練や活動ができる服装のことを指し、男性の場合は「国民帽、戦闘帽、脚絆《きゃはん》」がなければありあわせのものでも構わず、たとえ背広であっても足首を結ぶだけでも良しとされた（『市政週報』二〇六）。一方、女性の場合は、活動的なモンペが用いられるようになった。一九四三（昭和一八）年には、戦争生活への意識を向上させることを目的として、三月一〇日の（当時の）陸軍記念日が「防空服装日」として設定された。

では実際、女性たちはどのような格好をしていたのだろうか。当日、銀座四丁目における午後三時から三時半までの通行人を調査した結果が『D・M・J会誌』には記されている。少し長くなるが、引用してみよう。

通行者八七七人中洋服着用者が五二九名、他の三四八名が和服で、洋服の方が、遥かに多くなつてゐます。之を前日即ち普通日の統計と比較致しますと、和服四七六名に洋服一八一名となつて居《お》り、平日ならば全体の二割七分か（ママ）ない洋装の人が当日は全体の六割が洋装をしてゐたことになります。私達にとつては寔《まこと》に欣《よろこ》ばしい数字なのですが、そのうち果して完全な防空服装が幾人居たかと云ふ事になりますと、甚だ心細い次第なのです。三四八名の和服の人達のうちモンペイ着用者は僅《わず》か四九名に過ぎず、依然として華美な服装に身をやつしてゐた人が八十九名にも昇つてゐます。一方洋服着用者中で、ズボン又はモンペイをはいてゐた人僅か三十五名、防空帽を被つてゐた人一名と云ふ数が現れてゐます。（『D・M・J会誌』一九）

平日の銀座四丁目は和服の着用者の方がはるかに多いが、防空服装日には洋服が六割を超えたとあるので、洋服が活動的な衣服とみなされ、率先して着用されたことがわかる。またこの調査で興味深いのは、完全な防空服装をしていた者が少ないと嘆きつつも、和服でも洋服でもモンペの着用者がいることを明らかにしている点である。モンペは着物を入れると裾を気にせず活動できる衣服であったが、一方で洋服に合わせることもできた。空襲による火災ではスカートに火が燃え移る危険性がしばしば指摘されたが、スカートに代えてモンペにブラウスを合わせることもできた。

また、防空服装日であっても「華美な服装」をしている人がかなりの人数いたことも見過ごせない。その実態を戯画化しているのが、『写真週報』に掲載された漫画である（図39）。防空服装日の姉妹の服装が描かれた下に二人の会話が記されている。「（姉）今日は何んだと思つてるの」、「（妹）日曜日だワ」、「（姉）まア、防空服装日だといふのに、そのアメリカ型は何んです！　この防火用水で心の適性を洗つたげるワ、覚悟なさいッ」と、ワンピースにハンドバッグを下げた洋服姿の妹の頭に、防空服を着た姉がバケツで水を引っ掛けているのだ（『写真週報』二七二）。

戦局の悪化

しかし一九四三（昭和一八）年末になると、「昨今の街頭に見られる女性風俗と云へばその殆《ほと》んどが立派な防空服装と化して居《お》ります」とまで言われるようになった。それは「筒袖の軽快な和服にモンペをはいた人、モンペ式ズボンの上に男子風の活動的なジャンパーを着た人、あるいはスエーターとズボン、女学生はその殆んどがセーラー服の下にモンペ式ズボンをはいてゐ」たという（『D・M・J会誌』二〇）。当初は訓練のための服装であったものが、空襲が本格化し、日常着へ変化していく。

図39　風刺画「洗ひ清めてあげる」（『写真週報』272，1943〈昭和18〉年．国立国会図書館デジタルコレクション）

一九四四（昭和一九）年になると、ズボンやモンペがますます増える。「これは、戦ふ国民の姿勢が、単なる心がまへから、形にまで具体化した証拠で、何より喜ばしいことだ」とされ、雑誌『服装生活』では紹介される防空服はいよいよ本格的なデザインとなった。それは高射砲の弾片や落下物から

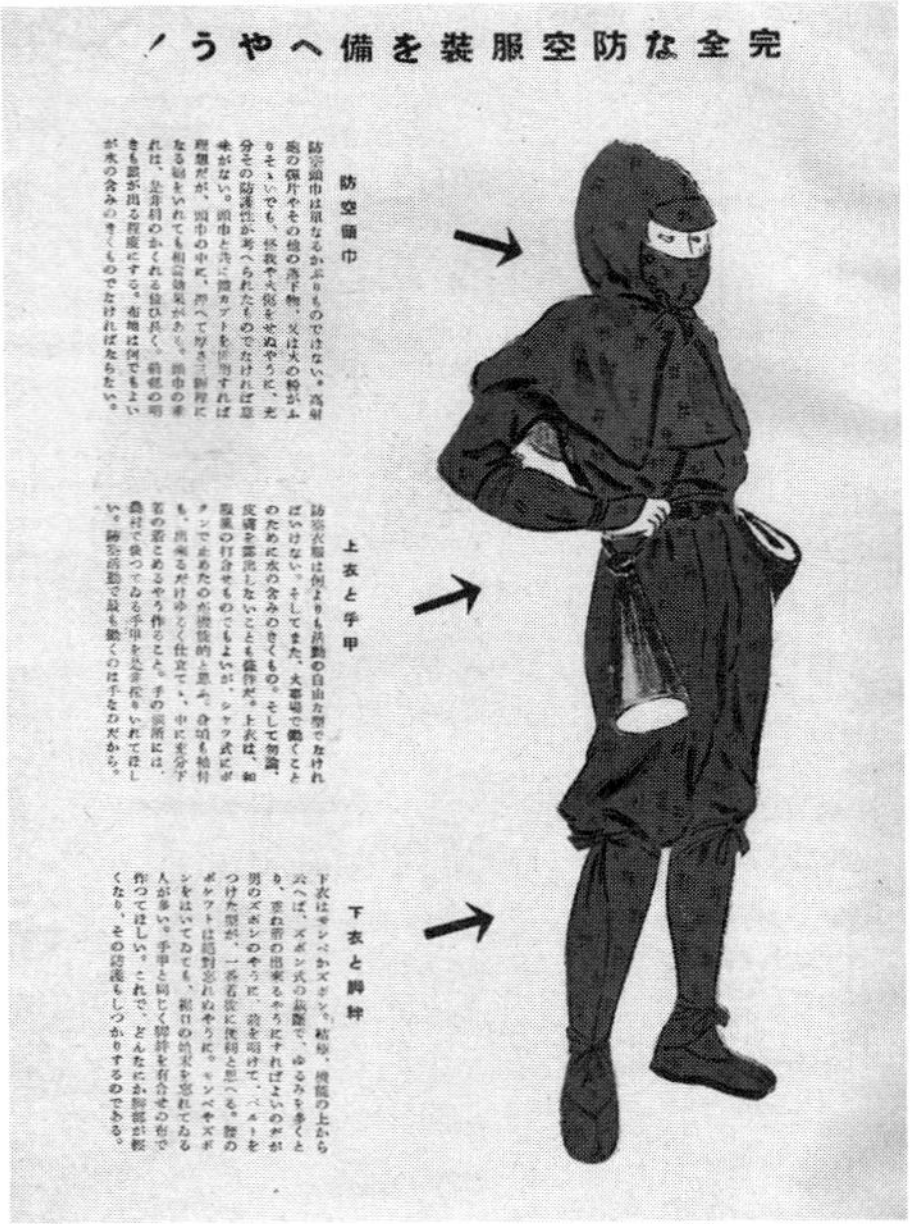

図40　防空服装のすすめ（『服装生活』4－1）

防御する防空頭巾《ずきん》、身頃も袖付けもゆるく仕立てたボタン止めのシャツ式上衣、肌を露出しない手袋、腰ポケットをつけたモンペかズボンに脚絆の組み合わせである（図40）。若い女性も通勤用に「決戦生活を実行する女性の服装」として防空服を着用することが勧められている（『服装生活』四―一）。

防空服という スタイル

一方で、同誌に掲載された「街で拾つた防空服批判」は、街中の女性の防空服装を紹介する記事である（図41）。たとえば「街で見（ママ）かける防空服の中では、仲々優秀な部類である。背の脇襞は腕の活動をしよくするし、身

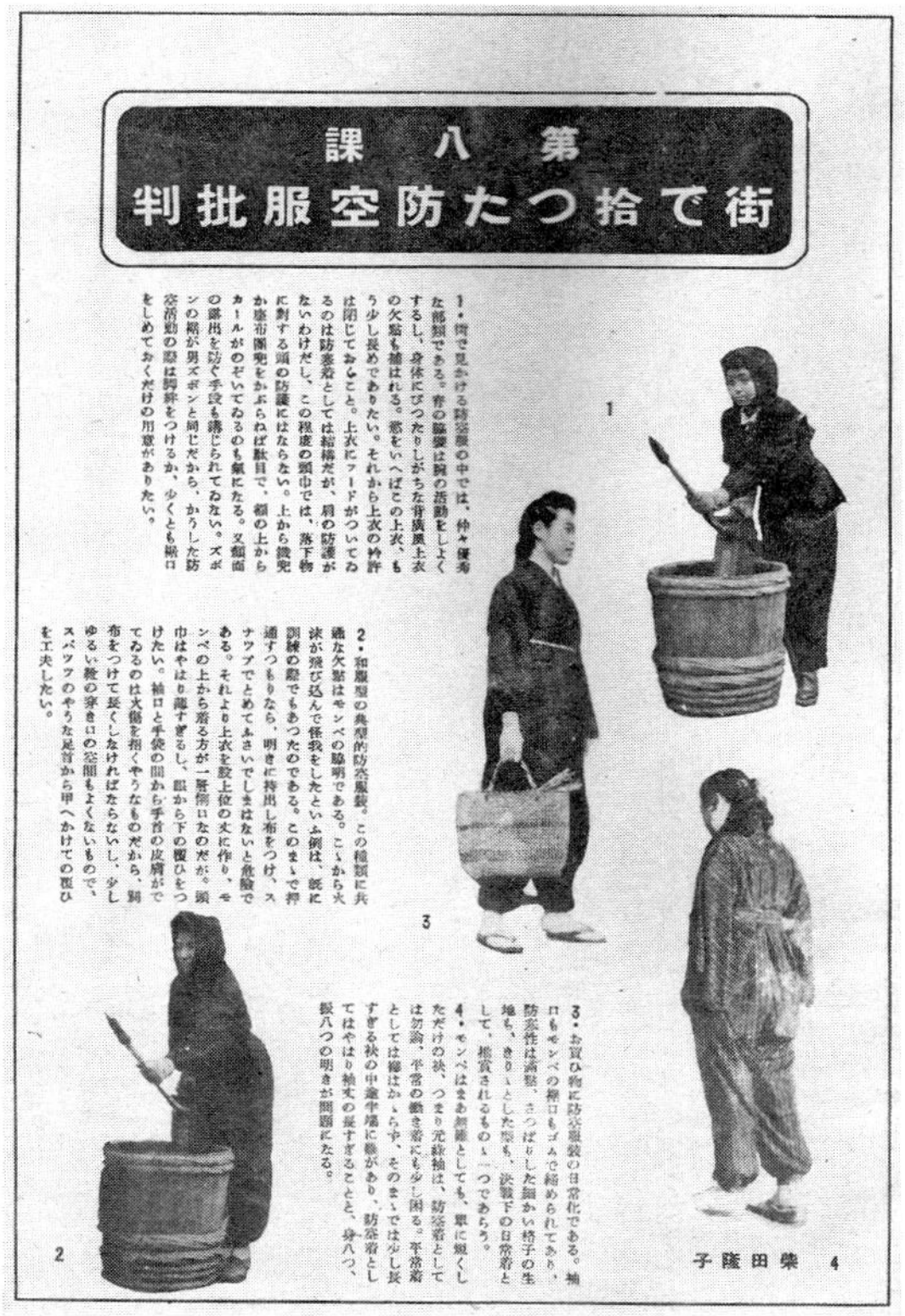
第八課
街で拾つた防空服批判

1・街で見かける防空服の中では、仲々優秀な部類である。背の脇襞は腕の活動をしよくするし、身体にぴつたりしがちな背広風上衣の欠點も補はれる。慾をいへばこの上衣、もう少し長めでありたい。それから上衣の衿許は閉じておくこと。上衣にフードがついてゐるのは防寒着としては結構だが、肩の防護がないわけだし、この程度の頭巾では、落下物に對する頭の防護にはならない。上から鐵兜か座布團兜をかぶらねば駄目で。額の上からカールがのぞいてゐるのも氣になる。又顔面の露出を防ぐ手段も講じられてゐない。ズボンの裾が男ズボンと同じだから、かうした防空活動の際は脚絆をつけるか、少くとも裾口をしめておくだけの用意がありたい。

2・和服型の典型的防空服裝。この種類に共通な欠點はモンペの脇明である。こゝから火沫が飛び込んで怪我をしたといふ例は、既に訓練の際でもあつたのである。このまゝで押通すつもりなら、明きに持出し布をつけ、スナツプでとめてふさいでしまはないと危險である。それより上衣を膝上位の丈に作り、モンペの上から着る方が一番利口なのだが。頭巾はやはり薄すぎるし、脛から下の覆ひをつけたい。袖口と手袋の間から手首の皮膚がでてゐるのは火傷を招くやうなものだから、別布をつけて長くしなければならないし、少しゆるい靴の穿き口の空間もよくないもので、スパツツのやうな足首から甲へかけての覆ひを工夫したい。

3・お買ひ物に防空服裝の日常化である。袖口もモンペの裾口もゴムで締められてあり、防空性は満點、さつぱりした細かい格子の生地も、きりゝとした形も、決戰下の日常着として、推賞されるものゝ一つであらう。

4・モンペはまあ細身としても、單に短くしただけの袂、つまり元祿袖は、防空着としては勿論、平常の働き着にも少し困る。平常着としては線はかゝらず、そのまゝでは少し長すぎる袂の中途半端に線があり、防空着としてはやはり袖丈の長すぎることと、身八つ、振八つの明きが問題になる。

1　2　3　4　柴田隆子

図41　街中の防空服を批評する記事（『服装生活』4－1）

体にぴつたりしがちな背広風上衣の欠点も補はれる。欲をいへばこの上衣、もう少し長めでありたい。それから上衣の衿許は閉じておくこと」と細かい注文がつけられている。

あるいは「モンペはまあ無難としても、単に短くしただけの袂、つまり元禄袖は、防空着としては勿論、平常の働き着にも少し困る」などと、現代のファッションチェックさながらの辛口コメントが掲載されている。防空服装とは、「この空襲必至の生活環境に備へて、活動性や防火性やその他の条件をもつて生れた、私達の戦闘服である」と宣言されたように、それは爆撃から身を守ってくれる実用的な衣服である以上に、女性たちの気概を表現する装いであったのだろう。

和服から洋服への転換

終戦

一九四五（昭和二〇）年八月一四日、政府はポツダム宣言の受諾を決定した。翌日正午にラジオから流れる玉音放送によって、人々は戦争の終結を知ることになった。しかし、この日を境に人々の衣服が変わったわけではない。空襲に怯《おび》えることはなくなったが、人々の衣生活は戦中も戦後も地続きである。ここで考えてみたいのは、日本のファッション史において、戦時期の衣服をどう解釈・評価するかということである。

戦争という非日常のなかで、人々は特殊な衣服を身につけていたように思われる。戦前に洋装化した男性服、洋装化の始まった女性服とは異なる衣服が考案され、戦後の復興とともに、それらの衣服は消えていくからだ。しかし、戦時中はファッション史における空白の時代ではない。緊迫した日々のなかでの人々の衣服に対する態度や実践が、戦後のファッション文化を準備することになる。それでは戦時期の衣服は、どのような役割を果たしたのだろうか。

国民服の役割

まずは男性服であった国民服を考えてみよう。甲号では、日本らしさを示す中衣が無視され、ネクタイ着用のうえスーツ代わりとして機能した。また最終的には、乙型の作業着型が普及した。国民服に着用の義務はなかったが、結局多くの男性が身に着けることになった。

ここで注意したいのは、西洋のスーツが自由と平等を求める民衆の革命によって獲得され、普及したのに対して、国民服は戦時下の軍国主義体制で軍部の協力のもとに考案された衣服であり、全体主義的かつ国粋主義的理念に基づく衣服であるということだ。総動員体制下において、男性は国家を支える人的資源となり、戦闘可能な身体として機械的かつ均質的に扱われることになった。国民服による平等とは、決して個人の自由意志に基づき選択されたのではなく、むしろ民主主義の否定によって達成されたといえるだろう。

国民服そのものは、大日本帝国の敗退によって大礼服《たいれいふく》とともに歴史的な遺物となるが、総動員体制下の統制された身体をすみずみまで管理する制服であった。この歴史的経験は、戦後においてスーツ着用をめぐる強固な同調主義を生み出しているように思われる。

着物の解体

次に女性服において生じた、伝統と合理性の対立を考えてみよう。これは日本と西洋の衣服観をめぐるせめぎ合いであったと言ってよい。和服の袖や裾は戦前から改善の対象であったが、和裁の特徴を考えるならば、必ずしも非合理的とは言えない。というのも和服は、布地（反物）の形に即してパーツを裁断し、資源を無駄なく使う、きわめて合理的な服作りをするからだ。長方形の布を直線的に裁つため、布のあまりは装飾や調節の役割を果たす。対して西洋では、活動性という観点から、人間の身体に合わせて布を裁断するため、動きやすい服ができる。このような異なる衣服観を調整しようと多大な労力が払われた。

それが結果として成功したかどうかは別にして、現実的には、着古した着物やしまわれていた着物など、すでにある着物が解かれて布地に戻され、再利用された。つまり、新しい服を作るために、和服はどんどん解体されていったのだ。そして洋裁の技術を用いながら、新しい服へと形を変えていったのである。戦時中に和服から洋服への転換は着実に進行していたと言える。

活動的な衣服と身体

さらに戦時中の女性たちが身につけた衣服を考えてみよう。「白エプロン」と呼ばれた割烹着、モンペ、防空服。これらは従来の和服と洋服のカテゴリーでは、和服に分類される衣服である。しかし割烹着は女性の調理の利便性のために考案された作業着であり、モンペは東北の農村で男女ともに利用されていた作業着であり、防空服は洋服や和服にモンペやズボンを自由に組み合わせる服であった。

婦人標準服の甲型乙型が支持されず、これらの衣服が選択されたことは、多くの女性たちが和服や洋服に限らず、身体の活動性を求めていたことの証《あかし》である。二〇世紀に入り、西洋のファッションにおいて女性の身体を解放するような革新的デザインが次々と誕生したが、日本の女性たちは戦争という極限的な状況のなかで身体の活動性を獲得したと言える。

しかしここで注意したいのは、戦時中の日本女性の装いは、西洋のファッションとは異なる傾向を示していたことである。それは、モンペやズボンという衣服に明らかである。

モンペはもともと女性のみならず男性も着用する農村の作業着だった。それゆえ都会の女性たちは見栄えを気にしていたが、女性たちが身に着けることに対して大きな批判が起きたわけではなかった。日本の女性たちはモンペのなかに着物をしまいこみ、腰もとを膨らませて、二本の脚を見せていた。

西洋ファッションにおける禁忌

ところがこの女性のいでたちは、西洋のファッション史から見るならば大事件である。なぜならば、女性の脚は性的欲望を喚起するものとみなされたために、人前に晒《さら》すものではなかったからだ。近代以前の西洋の貴族社会においては張り出したドレスのなかに、あるいは近代の市民社会においてもロングドレスのなかに女性の脚は覆い隠されてきたのである。だからこそ、二〇世紀以降に女性服のスカート丈を短くすることが、女性の身体の解放と見なされるようになる。

そして、このような西洋のファッション史において、女性がズボンをはくことは、男性と女性の性差を飛び越え、社会の掟《おきて》に違反する行為と見なされた。一九世紀には女性活動家がスカートとズボンを組み合わせた装いを提案していた一方で、乗馬服は二股のズボンに覆《おお》いをつけてスカートに見えるようにデザインされたものだった。

二〇世紀に入り、スポーツ用の衣服や映画のコスチュームに女性のズボン姿が見られるようになるが、それは限定的な場面における衣服であって、女性が日常でズボンを身に着けることには大きな抵抗があった。イギリスで戦時中に導入された女性のための実用服（Utility Clothing）も、スカートに厚底のヒールを合わせたものである。

日本女性のズボン

ところが日本では、戦争という特殊な事態であるにせよ、モンペという二股に分かれた衣服によって、ズボンがあっさりと女性たちに受け入れられた。男性たちの抵抗もそれほど大きくなかった。女性誌にも、ズボンは男性用の衣服であるということわりが添えられることはあったが、その活動性に対する信頼の方が格段に大きかった。

西洋の長いファッション史のなかで獲得までに長い時間を要したズボンを、いまだ洋装化の途上にあった戦時の日本の女性たちが大勢身に着けたのである。女性用のズボンに対する抵抗が（西洋と比べて）希薄なことは、日本のファッション史をおおいに特徴づけている。

重ね着による合理化

また、モンペにしろ割烹着にしろ、「重ねる」衣服が普及したことにも注目したい。日本では伝統的に、上流階級の衣服には絹、庶民の衣服には麻《あさ》が用いられていた。毛織物が十分になかったため、気温に応じて薄い織物を重ねて調整したのである。十二単や小袖にも多数の下着があり、重ね着文化の延長線上に現れた衣服とも捉えられよう。

だがここで重要であるのは、モンペも割烹着も、その下に着る衣服が洋服であろうと和服であろうと、機能的に違いはないということだ。手持ちの衣服に合わせて自在に組み合わせることができる。結局、割烹着やモンペを用いれば、無理に和服を改善する必要すらないのである。きわめて合理的な衣服を、女性たちは実利的に選択したと言えるだろう。

戦争中の「ファッション」

敗戦から一年たった一九四六（昭和二一）年、舞台美術家であった真木《まき》小太郎《こたろう》は、戦時中の人々の装いを次のように回想した。

今までは何もかもが戦争目的遂行に不要なものは存在を許されな

かつたので、吾々の衣生活の面も極度に圧迫されて遂に軍服と作業服と防空服装だけになつて了《しま》つて居たのでした。
最も無駄のない、工合《ぐあい》良く働ける、最も効果的な服装を求めた余り見得も外聞も不必要な事でした。これはこれで、それ等《ら》を着けて敢闘する人達の精神や動作の崇高さとか敏捷さの故に美しい姿だとされて居たのですが、着て居る人達もそれを見て居る人達も切実過ぎる戦争の現実に直面して居ては、美しいとか楽しいとか云つてるどころの騒ぎではありませんでした。
考へて見ればこれも戦争中のファッシヨンとかモードとか云へる事かも知れませんが、それにしては余りに殺風景で味気なく窮屈過ぎて、新鮮な美しい闊達自在な服飾の流行の世界とは凡そ縁遠いものだつたと思ひます。(『ファッションモード』創刊号)
たとえファッションと呼ばれることはなくとも、人々が受け入れた衣服が戦争の時代にも確かに存在したのである。

ファッションを日本へ適用する

戦後～昭和中期（一九四五～六〇年代）

占領下のアメリカンスタイルと「きもの」

GHQによる支配

一九四五（昭和二〇）年八月三〇日、連合国軍最高司令官ダグラス・マッカーサーが厚木《あつぎ》飛行場に降り立った。敗戦後の日本は、連合国が設置した機関であるGHQ（連合国軍最高司令官総司令部）の占領下に置かれ、軍国主義の解体と民主化、平和的な憲法の制定に向けた取り組みがなされた。

GHQは実質的にはアメリカの組織であったため、アメリカの意向に沿う政策と復興が進められ、その影響は政治経済のみならず文化にまで及んだ。それゆえ戦後の衣生活は、GHQの統治下におけるアメリカ文化と、アメリカ文化を経由した同時代のパリのファッションの影響を多分に受けている。

図42　戦後の街を道ゆく人々（『アサヒグラフ』1946年〈昭和21〉3月15日号）

物資不足と洋裁学校

戦後、空襲によって荒廃した街へ、海外からの引揚者《ひきあげ》や復員兵が続々と戻ってきた。爆撃により工場も家もなくなり、物資は極度に不足していた。それでも人々は生きていくために、なによりも食料が必要だった。残され

図43　ドレスメーカー女学院の批評会の様子
（『D・M・J会誌』21）

た衣類を食べ物に交換しながら日々をしのぐ人々の姿は、一枚一枚たけのこの皮を剝《は》ぐ様子に喩《たと》えられ、「たけのこ生活」と呼ばれた。街には、国民服を着続ける男性、非活動的と批判されたはずの着物、モンペや洋服が入り混じり、「男女の服装は正《まさ》に混沌として百鬼夜行《ひやっきやぎょう》」であった（『アサヒグラフ』一九四六〈昭和二一〉年三月一五日号）（図42）。

物資の不足が深刻化し、一九四七（昭和二七）年には衣料切符制度が再開された。女性たちは限られた布類で自分や家族の服をやりくりしなければならなかった。また、戦争で働き手を失った家族は、生活のために稼ぐ手段を得る必要があった。そのような女性たちの要望にいち早く応えたのが、閉校していた洋裁学校であった。

洋裁学校の再開を、多くの女性たちが心待ちにしていた。田中千代の洋裁研究所は、終戦後まもなく開校の通知を新聞に掲載したところ、当日千人以上の志願者が列をつくったという。また、ドレスメーカー女学院は新聞での告知は行わなかったが、あまりに問い合わせが多いので建物の前に受付日を掲示したところ、「当日、寒い〳〵あの一月八日、早朝から夕方まで、熱心な方々はあのドレメ通りに一杯つながつてしまひました」(『D・M・J会誌』二二)という。教室の設備も十分にはなかったが、それでも再開された洋裁学校に女性たちは殺到した。生徒たちは、新しい布が手に入らなければ、古い服を解体したり、裏地を取ったりして材料に変えた(図43)。

雑誌の復刊と創刊

『装苑』など休刊していた雑誌が復刊し、新しい雑誌も次々と創刊された。『ニュースタイル』『コスチューム』など、戦時中には敵性語として排除された言葉が復活し、誌面にも英語の服飾用語がちりばめられた。これらの雑誌はドレスやコートなどの洒落《しゃれ》た外出着を掲載する一方で、上下の着回しがきくツーピースのスタイルや、古い服のシルエットを変える更生の方法も紹介した。

たとえば中原淳一《なかはらじゅんいち》・田中千代の『ソレイユパタン』では「小切や余り布で作つた家庭着」を紹介し、更生服作りのアイデアを掲載した。「つぎはぎの服とは、つまり思ひつきの良さなのだから、更生にみせまいなどゝせず、更生の良さを大胆にみせる行き方がいゝ。コツといつては、幾種類ものものを一つに取入れるものだから、色彩と地質の調和を一番考へねばならぬ」とアドバイスする（中原・田中　一九四七）。

少ない布地を有効に用いるために、さかんに布を切り替えたり継いだりするのが更生服であるが、和服に作り直すよりも、洋服の方が格段に経済的だった。というのも「和服には柄と着付と附属品の取合せ以外にはパーソナルな工夫の道がなく、それとても二丈《じょう》八尺《しゃく》なくては仕立られないことになつてゐる。これに反して洋服にはデザインの自由があつて、有合せのハンパ布も才能と工夫で立派なものになる」からだ（同前）。戦後の今、もはや洋服を作ることに口実はいらず、ファッションへの欲求を理不尽に妨げるものもなくなった。それゆえ洋服を作るための見本となるスタイルの提案を行う「スタイルブック」が、多数出版された。

アメリカンスタイルの影響

特に、アメリカからやってくる流行情報は貴重であった。GHQは空襲を免れた土地や建物を接収して連合国軍の施設としたが、全国の主要都市に進駐軍専用の大型店PX（Post Exchange）が登場し、衣服や化粧品、雑貨などさまざまな商品を取り揃えた。その中でもスカーフなど洋服のための目新しいアイテムが人気となった。進駐軍の女性将校や将校夫人たちの装いは、日本の女性たちにとってアメリカのファッションを直接知ることのできる手本であった。

一方、「パンパン」と呼ばれた街娼《がいしょう》たちが、パーマをかけて真っ赤な口紅を塗り、派手な服装をして人目を引いた。闇市や露店には進駐軍の放出品が出回り、古着を更生服の素材とすることもできた。

アメリカの流行情報を掲載することで、雑誌は読者の期待に応えようとした。たとえば一九四六（昭和二一）年の『ニュースタイル』は「今般アメリカの会社とも契約出来ました。それは飛行機で来る事になつてゐますから最も新しいあちらのモードを早速皆様にお目にかけられるのです」と予告している。

図44　『最も実用的なアメリカンスタイル全集』2－1（別冊・早春号）

とりわけ人気を博したのは、一九四九（昭和二四）年に日本織物出版社から創刊された『アメリカンスタイル全集』である（図44）。同誌はアメリカの通信販売会社シアーズ・ローバックと特約を結び、シアーズが年数回発行しているカタログの中から選りすぐりのファッションを紹介した。西洋人の女性や子ども、時には男性が微笑みながらポーズをとる写真が多数掲載され、それぞれにスタイルの解説や作り方のポイントが添えられた。

ＧＨＱ経済科学局繊維部製品課長であったドロシー・エドガースは、アメリカの流行情報に精通するご意見番としてたびたびインタビューに応じている。特に話題となったのは、アメリカの流行の取り入れ方である。エドガースは新しい流行について一通り紹介したあとに、「もと〱アメリカ人の服はアメリカ人の身体に合うやうに作られてゐるので、修正しなければ日本の方々に似合ふ筈《はず》はありません。（中略）現在のアメリカ合衆国の流行スタイルをそのまゝ無修正に真似ずに日本独特の最適スタイルを考へだすことが必要でありませう」（『ファッションヴィユ』二六）と語っている。

だがエドガースに指摘されるまでもなく、日本の洋裁家たちは日本人に似合う洋服を作ろうと努力していた。この時代の洋裁家たちは自分たちがデザインするものをしばしば「きもの」と呼んでいる。それは西洋のファッションを受け入れながらも、「和服」や「洋服」に安易に分類されるような衣服ではなく、新しい時代を生きる女性たちが「着るもの」だった。

体型に合う衣服

戦前から活動していた洋裁家たちは、アメリカのファッションを日本人の体型に合うものに改良するために、さまざまな提案を行った。たとえば伊東茂平《いとうもへい》が出版した雑誌『私のきもの』には、「体に合うデザインの選び方」という特集が掲載されている。服作りにおいて「体型に合う」ことがきわめて重要なポイントであったことは、日本の洋裁家たちが「原型」の制作を奨励《しょうれい》したことによく表れている。つまり、自分の体型やサイズにゆとりを加えた「原型」を作成し、これを元にさまざまなスタイルの型紙を作図するという方法を基本としたのである（図45）。

この「原型」の作成の仕方は、文化服装学院の「文化式」やドレスメーカー女学院の「ドレメ式」などそれぞれに特徴的な差異はあるものの、「原型」から型紙を取るという方法は共通である。そしてこの点こそ、フランスやアメリカとは異なる服作りの特徴であっ

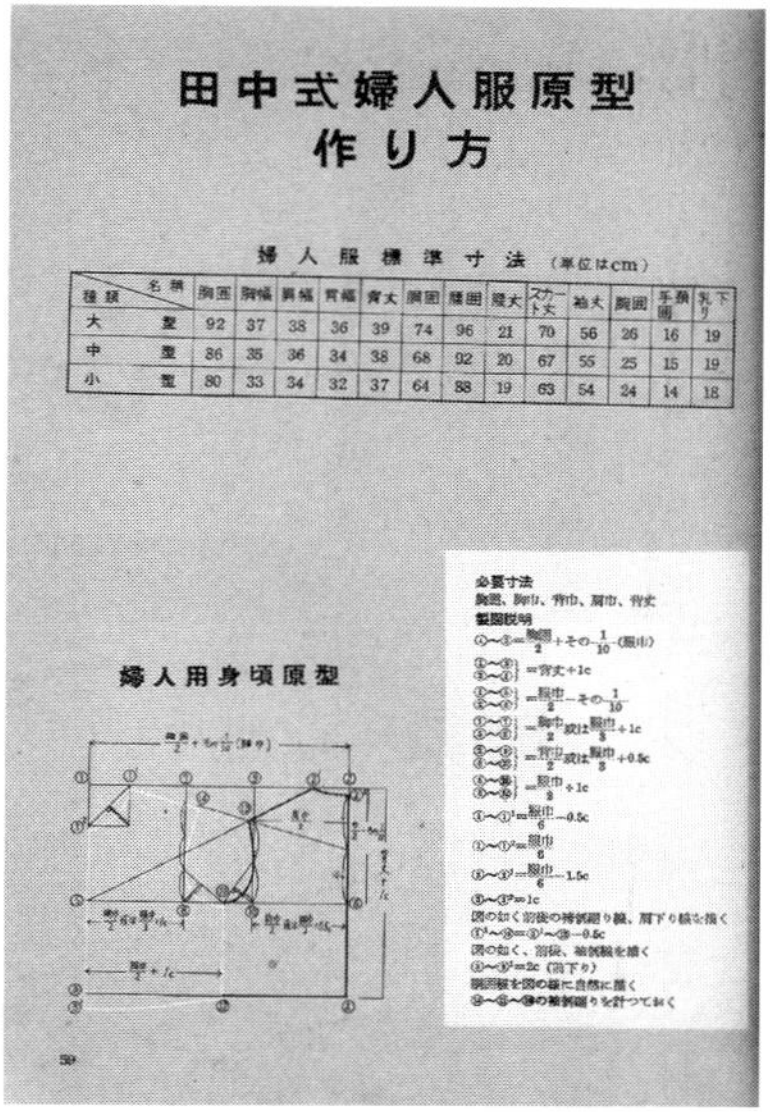

田中式婦人服原型
作り方

婦人服標準寸法（単位はcm）

種類＼名称	胸囲	胸幅	肩幅	背幅	背丈	胴囲	腰囲	腰丈	スカート丈	袖丈	腕囲	手頸囲	乳下り
大型	92	37	38	36	39	74	96	21	70	56	26	16	19
中型	86	35	36	34	38	68	92	20	67	55	25	15	19
小型	80	33	34	32	37	64	88	19	63	54	24	14	18

婦人用身頃原型

必要寸法

製図説明

図45　田中式婦人服原型の作り方
（『1953田中千代のスタイル・ブック』それいゆ臨時増刊，ひまわり社，1952〈昭和27〉年より）

図46　欧米の流行を紹介する雑誌
（『アメリカンスタイル』1949〈昭和24〉年春夏号）

た。オートクチュールの歴史があるフランスでは、布地を直接身体や人台にドレープさせて裁断を行う「立体裁断」が主流であり、アメリカでは一九世紀後半から（すでにカットされた）型紙が流通したために、細かい採寸は必要とされなかった。つまり、日本の洋裁家たちは体型に即した服作りの方法論を重視し、生徒たちもまた自分の体型に合う服を作ることを学び、この傾向がひいては日本人の体型に合う衣服製造へと繫がっていったのである。

アメリカからのパリ情報

スタイルブックの多くはアメリカのファッションを伝えたが、そこにはアメリカ文化が解釈したパリの流行も含まれていた。戦後まもなくの雑誌には、怒り肩のジャケットにタイトスカートを組み合わせた凛々《りり》しいスタイルが掲載されたが、一九五〇年頃の誌面になると、なで肩の上半身にウエストの細いフレアスカートが支配的となる（図46）。

この変化は、一九四七（昭和二二）年にデビューしたパリのオートクチュールのデザイナー、クリスチャン・ディオールの影響によるものだ。ディオールが発表したエレガントなファッションが、戦後のアメリカの保守的なムードに受け入れられたのである。アメリカでは、ウエストをすぼめてスカートを膨らませたスタイルが「アメリカンルック」と称され、日本では「落下傘スタイル」と呼ばれるようになった。

アメリカのファッションは歴史的にパリの流行をシンプルで実用的なものへ解釈することで発展してきたが、占領下の日本もまたアメリカを通してパリの流行に触れたのである（図47）。だが、アメリカはヨーロッパの移民が建国した国であるため、パリのファッションと大きな違いがあるわけではない。ところが「和服」の伝統を持つ日本では、衣服の形式も制作方法も異なる。西洋のファッションを日本人の身体や生活に適用させるという大きな課題に取り組んだのが、洋裁家

図47　1948（昭和23）年の洋服姿の女性
（米国国立公文書館提供．昭和館蔵）

たちであったのだ。

洋裁学校の増加

そして洋裁家たちと同様に、多くの女性たちが服作りへ情熱を傾けた。洋裁学校に続々と生徒が集まり、洋裁学校自体の数も膨らんだ。一九四八（昭和二三）年には六八九校であった洋裁学校は、四九年には二二八一校、五〇年には三〇二五校、五一年には三七七一校、五二年には六七四八校にまで増加した（井上二〇一七）。GHQの占領下に置かれた一九五二年までに、その数は実に一〇倍となった。アメリカ文化の影響下に、洋服を着たいと望む多くの女性たちが、洋裁学校で知識や技術を身につけ、実際に洋服を着たのである。

日本人のためのパリファッション

独立を迎える

一九五二(昭和二七)年四月二八日、サンフランシスコ講和条約が発効した。GHQが役目を終えて廃止されると同時に、日本は主権を回復した。GHQの占領下においてアメリカを経由していたパリの流行情報が、とうとう日本へ直接流入するようになる。それまでもアメリカンスタイルを通じてパリのファッションの雰囲気は届いていたが、これからはパリのオートクチュールのデザイナーたちの動向が、日本の洋裁学校や百貨店に直接影響を及ぼすことになった。特にディオールの影響は大きかった。

ディオール旋風

クリスチャン・ディオールは一九四七(昭和二二)年にパリでデビューをしたオートクチュールのデザイナーである。初めてのファッシヨンショーは大きな話題となった。ディオールが発表したのは、なだらかな肩のラインのジャケットと全方向に広がるたっぷりした量感のスカート、細く窄《つぼ》まったウエストラインが特徴的なスタイルであった。いまだ角張ったジャケットに短いスカートを合わせ、軍服調で身を固めていた観客たちとは対照的な装いだった。

アメリカの有名ファッション誌『ハーパーズ・バザー』の編集長がこのスタイルを「ニュールック」と呼び、メディアがこの表現を伝えたことで、「ニュールック」はディオールを代表するスタイルとなった。布地を贅沢に使用したこの華やかな装いは、一方で戦後の耐久生活を強いられていた一部の女性たちの反感を買い、アメリカでは不買運動も起きた。ディオールが提案したのは、戦後の復興期に新しい家庭生活を営む家族のための優美なスタイルであり、それは伝統的女性像に回帰するようなファッションであった。

二〇世紀前半のデザイナーたちが、女性の身体の活動性を求めて下着を取り払い、スカート丈を短くしたことを思い出すならば、ニュールックは時代を逆行するかのようなデザインであった。実際、ディオールのジャケットには芯《しん》を縫い込むことによってウエストを強調し、構築的なスタイルを作り出すものもある。しかしながら、そのようなスタイルが戦時中に忘れられていたファッションの夢を呼び覚まし、一世を風靡《ふうび》したのである。

オートクチュールの影響力

ニュールックの発表当時、日本はGHQの統治下にあったが、ニュールックの影響を受けたアメリカンスタイルが、日本における流行のモデルとなった。戦時中からモンペを日常的にはいていた日本女性にとっては、優雅な「スカート」こそが西洋のファッションを象徴する装いとなった。

そして主権を回復した日本へちょうどパリからもたらされたのが、ディオールのオートクチュールであったのだ。ディオールはニュールック以後も、「チューリップライン」や「Hライン」「Aライン」など毎年新しいスタイルを打ち出したため、流行に対する女性たちの関心はシルエットやスカートの長さに集まった。

しかしディオールが画期的であったのは、デザインだけではない。二〇世紀前半に名声を得た女性デザイナーは帽子作りから店を大きくしたものだが、ディオールはフランスの繊維業界の王と呼ばれたマルセル・ブサックの後ろ盾を得て、最初から多数のスタッフを抱え、企業として組織されたファッションブランドであった。

ディオールを日本で作る

パリのオートクチュール店の多くは販路を広げるために、一九世紀後半からアメリカの雑誌に型紙を提供し、二〇世紀前半には既製服会社にも販売権を許可した。そのようなオートクチュールの慣行を背景として、ディオールはライセンス事業を積極的に手がけたブランドである。そのため、日本では、国内の流通・製造関係の企業がディオールと契約を結び、ディオールのファッションを普及させていった。

一九五三（昭和二八）年、百貨店の大丸《だいまる》と繊維会社の鐘紡《かねぼう》が、ディオールのデザインを日本で制作・販売する権利を取得した。大丸は、磯村春《いそむらはる》をはじめとする顧問デザイナーをファッションショーの会場に派遣し、デザインの買い付けを行った。ドレス本体ではなく型紙を入手し、それをもとにして日本でドレスの制作を行ったのである。鐘紡では田中千代《たなかちよ》が、鐘紡の布地を使用してディオールのデザインを服に仕立てた。

洋裁家たちは、ディオールのドレスを細部にわたって研究し、日本人の体型に合わせて改良することに尽力した。ある買い付け時の資料には「全体で4枚になっておりますが、更に後《うしろ》の方だけチュールのちぢめたものお（ママ）一枚増しました」（一九五九年秋冬コレクションの京都大丸・磯村春による資料。J・フロントリテイリング史料館所蔵）とある。ディオールのデザインを日本人向けに改良するために、細部に変更を行っていたのである。

オートクチュールのファッションショー

日本の百貨店とパリのオートクチュールとの良好な関係を保つために、重要な役割を果たしたのが、洋裁《ようさい》学校であった。文化服装学院は一九五三（昭和二八）年にディオール社の一行を招待し、東京・名古屋・京都・大阪の主要都市でファッションショーを開催した（図48）。パリのオートクチュールのファッションショーは招待制のため顧客やジャーナリストら一部の特権階級しか会場に入れなかったが、日本で開催されたショーはチケット制であったため、ディオールのファッションに憧れる多くの人々が鑑賞することができた。

また一九五八（昭和三三）年には、ドレスメーカー女学院がピエール・カルダンを招待し、技術の講習や講演会を開催した。パリのオートクチュール店にとっては日本における宣伝活動も兼ねていたが、洋裁学校にとっては本場パリのオートクチュールとの関係が、洋裁教育の正統性を証明するものともなった。

図48　日本で開催されたディオールのファッションショー（富永次郎著『世界文化史物語』偕成社，1954〈昭和29〉年．国立国会図書館デジタルコレクション）

オートクチュールと百貨店

日本におけるディオールの成功に続き、多数のオートクチュールのデザイナーが日本の百貨店と契約を結ぶようになった。たとえば伊《い》勢《せ》丹《たん》はピエール・バルマン、高島屋はピエール・カルダン、三越《みつこし》はギ・ラロッシュと契約し、オートクチュールの型紙をもとに、自社でオーダーメードの服を仕立てた。一方、一九五〇年代から六〇年代にかけてはパリのオートクチュール店においても量産に向けて既製服化への対応が進められるようになった。

そこで、日本の百貨店はオートクチュール店が制作した高級既製服を輸入して販売したり、またはオートクチュール店による（高級仕立服ではなく）高級既製服のための型紙を購入したりして、日本のメーカーで高級既製服を量産することも行われるようになった。西武《せいぶ》のルイ・フェロー、松坂屋《まつざかや》のニナ・リッチ、阪急《はんきゅう》のジャンヌ・ランヴァンなどが、これらオートクチュール店による高級既製服を販売した（新居 二〇〇七）。

こうして、オートクチュールのエッセンスを盛り込んだファッションが、日本で販売されるようになった。日本の女性はパリに行くことなしに、オートクチュールにならうデザインに触れることができるようになったのである。

洋裁家たちの活躍

パリのオートクチュールが百貨店の花形となる一方で、その成功はこの時代の洋裁家たちのきわめて多彩な活動に支えられていた。洋裁家たちは、学校の校長となり、洋服の制作を教え、最新の流行を調査し、パリのデザイナーと交流を深め、オートクチュールを再現し、日本人向けの洋服をデザインし、雑誌を発行した。

文化服装学院では、小池千枝《こいけちえ》がフランスで立体裁断を学び、日本人向けの人台の製作を行った。またドレスメーカー女学院では、杉野芳子がパリに滞在し、最新の流行情報を生徒たちにもたらした。田中千代は、服飾事典を刊行してファッションの知識と技術の普及に努めた。

また、パリファッションの人気が高まるとともに、流行のおしゃれ着ではなく、日常着のデザインを重視するデザイナーも現れた。桑澤洋子《くわさわようこ》はバウハウス式の造形教育を学び、普段着や既製服のデザインに力を入れた。『美しい暮しの手帖』を出版した花森安治《はなもりやすじ》は、和服の技術を取り入れた庶民の衣服の提案を行った。

日本人向けのスタイルをおしゃれに描くイラストレーションの需要も高まり、中原淳一は、雑誌『それいゆ』を出版して和服洋服を取り混ぜたデザインの提案を行った。のちの「セツ・モードセミナー」を一九五四（昭和二九）年に開校した長沢節《ながさわせつ》は、デッサン教育を重視し、イラストレーターやデザイナーを多数育成した。

一九五〇年代から六〇年代にかけて活躍した洋裁家は、パリのオートクチュールをモデルとしながら、それをいかに日本人の体型に適応させるか、もしくは、あえてパリの流行とは距離を置きながら、いかに生活に即した衣服をデザインするかに取り組んだ。ファッションを取り入れるには、まだ服を自作しなければならなかった時代に、洋裁家たちは、学校、雑誌、百貨店という場で、洋裁の知識と技術の普及に努めた。

その活動が「洋裁家」、あるいは「教育者」「デザイナー」「編集者」などといった個別の職業イメージに収まりきらないのは、彼ら・彼女らの仕事がただ「洋服」を作ることにあったのではなく、「洋服」を通して日本女性のライフスタイルを変えることにあったからだ。だから彼ら・彼女らの提案したデザイン以上に、洋裁家自身の個性が際立って見える。そしてカリスマ的な魅力を放つこれら洋裁家たちのまわりに、洋服作りに憧れる多くの人々が集まったのである。

化学繊維・下着・メディアの発達

大衆化に向けて

洋裁学校の人気が高まり、洋服作りがブームとなる一方で、それを支えたのが繊維産業の発展と大衆文化の成熟であった。一九五〇年代は、科学技術の発達により新しい繊維が開発され、洋服を着用するための下着が普及し、映画やテレビの普及によって趣味や娯楽の機会が広がった時代である。「もはや戦後ではない」と一九五六（昭和三一）年の『経済白書』で宣言されたように、新たな消費社会が到来する。まずは、化学繊維の発達がファッションに与えた影響について見てみよう。

化学繊維の発達

戦後、GHQは日本の繊維産業振興のために、またアメリカにおける絹製品の需要を満たすべく絹貿易を復興させる計画を当初立てていた。ところがこれが振るわず、代わりに綿プリント生地の生産と輸出を推進することとなり、綿加工貿易が飛躍的に成長した。従来の和服用の反物《たんもの》は幅が狭く、柄行《がらゆき》も着物の仕立てに即していたが、洋服用に幅広で、さまざまな模様の生地が生産されるようになり、洋服作りのブームに拍車をかけた。一九五〇年代中頃には、布地店やミシンの広告が、洋裁学校の専門誌にも多数掲載されるようになり、目覚ましい発展ぶりがうかがえる。

戦前の化学繊維は人絹《じんけん》と呼ばれたレーヨンが主であったのに対し、戦後には化学繊維の種類そのものが増えていく。特にアメリカのデュポン社が開発したナイロンが、女性用のストッキングとして商品化され、爆発的な人気を呼んだ。ナイロンにアクリル、ポリエステルなど、現代の衣料に欠かせぬ化学繊維が大手メーカーの工場で生産されるようになった。化学繊維によってさまざまな色と種類の布が作られるようになり、布地を安定的に供給することも可能となった。

また、布地から衣服を生産するためには、体型によって異なる寸法が必要になるが、一九五〇年代初頭に衣服の規格が定められた。紳士服、婦人服、子供服にそれぞれ標準寸法が制定され、のちの既製服化に向けた衣服産業の基盤が整備された。

そして一九五三（昭和二八）年には「日本流行色協会（ＪＡＦＣＡ）」が発足した。同協会は流行色の提案を行い、ファッションにおける流行の方向性に一定の指針を与えることを目的とした。多数の女性たちが洋裁を学び、流行のスタイルを手作りする一方で、流行の衣服をアパレル産業で生産するための体制が整えられていった。

洋服用下着の開発

化学繊維の発達、衣服の規格化とともに、洋服用の下着の開発と生産が進められていったのも一九五〇年代である。西洋のファッションが、下着で造形するものであることはこれまでにも見た。一九世紀のバッスル・スタイルはバッスルやコルセットなどの下着を用いるものであったし、二〇世紀にはブラジャーが登場し、胸のラインを整形する下着として広く利用されるようになった。そのため、日本の女性が洋服を着るときにも、下着でボディラインを整える必要があった。

しかし和服には西洋ファッションに見られるような造形的な下着は存在しなかった。そのため、ブラジャーも最初は手作りされていた。当時出版された『文化式洋裁独習書』には、「洋服をすっきり着るには、まずその土台となる下着を整えなければなりません」とあり、「ブラジャー」や「コーセット」の製図と裁ち方・縫い方の説明、完成した下着と着装図が紹介されている（原田　一九五一）。

ここで、戦後における女性の洋装化を見据えて、アクセサリー販売を始めた和江商事《わこうしょうじ》が、下着の開発に乗り出し、「ワコール」のブランド名で洋服用の下着を販売しはじめた。一九五〇（昭和二五）年には高島屋京都店に百貨店としては初めての女性用下着売り場が登場した。一九五五年の『新婦人』には「お体にもお化粧を……ワコールのブラジャー・

図49　ワコールの広告（『新婦人』1955〈昭和30〉年7月号）

コールセット」の広告が掲載されており、「全国デパート、有名洋品店にあり」と記されている（図49）。

一方で下着が普及するとともに、女性たちが実際に下着を着用するための知識も必要となった。同じく一九五四年の『新婦人』には、「下着のつけ方順序」と題して、シュミーズやガードル、ペチコートなどの取り扱い方と着用の順番が説明されている。最初につけるのは「①ブラ（乳バンド）＝胸のあまり低い方はブラパッドを入れます」とある（『新婦人』一九五四年九月号）。下着の発達とともに、女性たちが洋服を美しく着こなすための知識や作法を身につけていくようになった。

映画のコスチューム

繊維・衣服産業の発達だけでなく、一九五〇年代から六〇年代にかけてのメディアの発展も洋服の普及に大きな影響を及ぼした。映画やテレビなどのスクリーンを通じて伝えられるファッションが、人々の夢を掻き立て流行を作り出すようになったのである。

この時代の主要な映画をいくつか見てみよう。一九五三（昭和二八）年には、前年にラジオ放送のあった『君の名は』が映画化され大ヒットした。この映画で、主人公の真知子《まちこ》がストールを頭にすっぽりとかぶる姿が評判となり、このストールの巻き方が「真知子巻き」と呼ばれて、若い女性たちの間で流行した（図50）。

図50　真知子巻き

また一九五四（昭和二九）年には、アメリカ映画である『麗《うるわ》しのサブリナ』が日本で初公開された。オードリー・ヘプバーン演じる主人公のサブリナは、大富豪のお抱え運転手の娘であるが、パリ留学を経て洗練されたレディになり戻ってくる。パーティでのサブリナのドレスをデザインしたのはオートクチュールのデザイナーであったユベール・ド・ジバンシィであったが、サブリナの日常着をアメリカ人デザイナーのイーディス・ヘッドがデザインした。夢のように華やかなドレスとともに、軽快なパンツルックが人気となった。「サブリナ調のスラックスの流行ぶり」と当時の雑誌も人気を伝えている（『新婦人』一九五五年四月号）。

映画の人気は、男性のファッションにも影響を与えた。一九

図51　森英恵《アロハシャツ（映画『狂った果実』の衣装）》（1956〈昭和31〉年．島根県立石見美術館所蔵）

五六（昭和三一）年には石原慎太郎原作の小説『太陽の季節』が映画化され、大きな話題になった。「現代の価値と真実を大人の世界にたたきつけた問題作」と銘打った映画は、若者の無分別な生活と性愛を描き、石原裕次郎演じる登場人物のファッションが注目された。慎太郎刈りと呼ばれた髪型にアロハシャツ、細身のズボンが、続く映画『狂った果実』においても人気を博し、これらのファッションを取り入れた若者たちが「太陽族」と呼ばれた（図51）。

一九五〇年代のアメリカでは、映画『理由なき反抗』でジェームズ・ディーンがTシャツとジーンズを着て登場し、ロックンロールで人気を博したエルヴィス・プレスリーは開襟シャツや幅広のズボンを好んで着用した。保守的な家族観や人種間の対立、東西の冷戦構造など、さまざまな社会問題が表面化するなかで、戦後に生まれ育った世代が自らの価値観をファッションを通して表明しはじめた。アメリカの若者たちと同様に、日本の若者たちも戦後の新しい社会を生きていたのである。

コスチュームデザインへの注目

映画の人気とともに、映画のコスチュームデザインと制作が重視されるようになった。ファッションは時代の気分や傾向、社会の要請に基づきデザインされるものであるが、コスチュームは物語における登場人物の性格や役割を視覚的に表現するものである。当初の映画でコスチュームの制作を担当したのは映画会社の社員であり、制作者の名前が映画のクレジットに載ることはほとんどなかった。ところが映画のコスチュームが話題となって流行を呼び起こし、その重要性が広く認識されるようになるにしたがって、制作者の名前も記載されるようになった。

特に、コスチュームの分野で有名となったデザイナーは、森英恵《もりはなえ》である。森英恵は、一九五一（昭和二六）年に新宿に洋装店をオープンし、仕入れやデザイン、縫製までを行う一方、五〇年代から六〇年代にかけて、日活、東宝、松竹など日本の代表的な映画会社のコスチュームを担当し、数百本に及ぶ映画衣装をデザインした。アメリカではイーディス・ヘッドやギルバート・エイドリアンなど、ファッションとコスチュームの両分野で活躍したデザイナーは多かったが、日本では稀有《けう》な存在であったと言えるだろう。現代では有名ファッションデザイナーが映画のコスチュームを手がけることが多くなったが、当時は映画が流行のファッションに大きな影響を与えていたのである。

テレビの発達

映画とともに大衆の注目を集めたのは、テレビである。一九五三（昭和二八）年に白黒テレビが登場し、テレビ放送が開始された。特に一九五九年における当時の皇太子成婚時にはテレビカメラ百台が用意され、中継を見た人々は一五〇〇万人に及んだ。前年に婚約が発表された時から、テレビや雑誌などのメディアで美智子《みちこ》妃の装いが紹介され、白い手袋やカチューシャなどのアイテムが流行し、「ミッチーブーム」と呼ばれるようになった。そして成婚の様子を見ようとした人々が白黒テレビを購入し、テレビの普及率が上昇した。

当日の祝賀パレードには多くの人が詰めかけ、美智子妃が着用したローブ・デコルテに注目が集まった。ウエストにリボンがあしらわれた白いドレスはディオールによるデザインであり、鳳凰《ほうおう》や龍が織り出された日本製の生地を用いて制作されたものであった。ディオール自身は一九五七年に突如倒れて帰らぬ人となったが、皇室のドレスの制作によって、日本における名声は確固たるものになった。

明治時代に昭憲皇太后が「思食書」を出して洋服を取り入れたことを思い起こすならば、それから約七〇年を経たことになる。パリのファッションデザイナーによる皇室の正装は、大衆の大きな関心を引くようになった。そして日本人のデザイナーのなかでは、皇室の女性たちの衣装を田中千代が手がけるようになった。皇室の女性たちは、テレビや雑誌で報道され、その姿は一般の人々のロールモデルの役割を果たしたのである。

デザイナーとアパレルメーカーの登場

職業としてのデザイナー

一九五〇年代はオートクチュールの黄金時代であった。ディオールやジバンシィ、バレンシアガなど、パリのファッションがさかんに紹介され、洋裁家たちはパリの流行を取り入れたスタイルを雑誌で紹介した。洋裁学校は多くの作り手を輩出し、卒業生のなかには、新しく洋裁教室を開校する女性もあり、洋裁学校のネットワークが広がった。

こうした洋裁学校の台頭に対して、一部の専門家たちが連携し、アマチュアの洋裁ではなくデザイナーという職業の存在感を示そうとする試みが生まれた。それが、一九四八（昭和二三）年に結成された日本デザイナークラブ（NDC）である。雑誌『スタイル』の表紙を手がけていた松井直樹《まついなおき》の呼びかけによって、木村四郎《きむらしろう》が理事長となり、ジョージ岡、牛山源一郎《うしやまげんいちろう》、桑澤洋子などのデザイナーが参加した。

一九五〇年には日劇で「ショーとダンス音楽の夕」と題したアトラクションが実施され、翌年には日本初の「プロのショー」と銘打ち、「NDC春夏ファッション発表会」が開催された。ファッションショーでは、デザイナーの名前と生地を提供するスポンサーに注目が集まり、またモデルにはダンサーらが起用された（桑澤 一九五七、林 一九六五）。しかしファッションショーの需要が高まるにつれ、専門のファションモデルの必要性が認識されるようになる。そのきっかけとなったのが、ティナ・リーサによるコンテストであった。

ファッションモデルの誕生

一九四九（昭和二四）年、アメリカのデザイナーであったティナ・リーサは、日本へ旅行した際に、若手デザイナーの育成のためにファッションデザインのコンテストを開催することにした。以後四年間、毎年コンテストが開催され、洋裁学校の生徒たちも積極的に応募を行い、さまざまな賞を受賞して話題となった。

そして一九五一年に専門のファッションモデルを採用するため、毎日新聞社が募集を行い、「毎日ファッションガール」の名のもとに最初のファッションモデルが誕生した。デザイナーたちが連携したように、ファッションモデルも新しい団体を組織し、その団体は、NDCの中に位置づけられることになった。このように、一九五〇年代から六〇年代にかけては、ファッション業界を取り巻く職業的な団体が形成された時代であった。

なかでも一九五七（昭和三二）年に設立された「アド・センター・ファッション・グループ（AFG）」は、個性豊かな団体であった。もともと『アメリカンスタイル全集』を出版した鳥居《とりい》達也《たつや》の呼びかけにより、アートディレクターの堀内誠一《ほりうちせいいち》やセツ・モードセミナーの長沢節らが関わった。

日本独自のライン

鳥居は、パリのファッションに追従することに問題意識をもち、日本独自の流行を作り出すことを重視していた。そして、日本の一流デザイナー、たとえば杉野芳子、山脇敏子《やまわきとしこ》、中原淳一、藤川延子《ふじかわえんこ》、伊藤茂平、田中千代などを集めて、そのデザインを既製服化するというアイデアを持っていた。鳥居から話を持ちかけられた桑澤洋子は、当時を次のように回想している。

> 雑誌やスタイルブックに発表したり、ショウ形式などで意志表示するだけでは、本当のデザイナーの仕事ではない。デザイナーは、自分の作品を製品として正しいルートにのせて、一般の人々に着せてゆき、その上で、正当なデザイン料を得るところに、本当の仕事があると思っていた。（桑澤　一九五七）

一九五七年、アド・センター・ファッション・グループは講談社と提携して、日本の流行ラインとして「ハンター・ライン」を発表した（図52）。翌年春には「軸ライン」、秋には「サイド・ライン」、さらに五九年春は「キューピッド・ライン」を提案したものの、それが最後となった。新しいラインを作るという発想自体が、ディオールの強い影響を思わせるが、日本独特のスタイルの創造が、個人ではなく団体によって試みられたことは業界の成長を思わせる。しかし女性既製服自体が発展途上であり、流行を先導するにはまだ時間が必要であったと言えるだろう。

図52　ハンター・ライン（『ファッション年鑑』アド・センター，1962〈昭和37〉年．国立国会図書館デジタルコレクション）

企業によるキャンペーン

今日では既製服が普及したため、その素材である布地を意識することはあまりないかもしれない。しかし洋裁が日常的に行われた時代には、布地メーカーや販売店の存在感は大きかった。一九六〇年代には、繊維メーカーが新しい布地を販売するために、キャンペーンを実施して流行を仕掛けるようになる。

そのなかで最も成功したのが、「シャーベット・トーン」という色彩をテーマにしたキャンペーンであった。もともと日本流行色協会が一九六二（昭和三七）年の色彩テーマとして提案した淡いパステルカラーの色調を、繊維メーカーの東レ（東洋レーヨン）が採用し、「シャーベット・トーン」として打ち出した。東レを中心として、資生堂《しせいどう》、東芝《とうしば》、不二家《ふじや》、西武百貨店など多数の企業が参加し、シャーベット色のファッション、口紅《くちべに》、電化製品、アクセサリー、靴、食べられる本物のシャーベットまで、「シャーベット・トーン」の商品が市場にあふれ、新聞やテレビで大々的に取り上げられた。多数の企業が参画したことで、コンビナートキャンペーンと呼ばれた。

また一九六三（昭和三八）年には、繊維メーカーの二大巨頭であった東レと帝人《ていじん》がそれぞれ「くだものの色」と「フラワー・モード」というキャンペーンを開催し、流行を先導しようと競い合った（林　一九六五）。色の気分やファッションのイメージを演出することによって、消費者の購買意欲を喚起し、消費を刺激する試みであった。このように、繊維メーカーによって流行を人為的に作り出すプロモーションがさかんに行われるようになった。

企業制服のデザイン

布地だけでなく、衣服の製造に関しても、新しい団体が誕生した。それが、一九六二（昭和三七）年に発足した「日本ユニフォームセンター（ＮＵＣ）」である。制服といえばかつては戦時中の国民服、あるいは商店の安価な労働着が一般的であったが、ＮＵＣはユニフォームを改善・進化させるための団体として立ち上がった（『新しいせんいの手帖』一〇）。

ＮＵＣにはファッションデザイナーが積極的に関わり、流行のファッションさながらにショーを開催し、働く人々のための新しい作業着を披露した。たとえば西武百貨店の「エレベーター・ガール」の制服、森永《もりなが》乳業の工場用ユニフォームなど、一七社の新しいユニフォームが発表された（図53）。

ユニフォームへの関心は、オリンピックによってさらに高まりを見せた。一九六四年に、東京の国立競技場をメインスタジアムとして第一八回オリンピック競技大会が開催された。このオリンピックは、日本の戦後の復興とめざましい発展を世界に伝える機会であり、選手団のユニフォームが大いに注目された。日本の選手団は、赤いジャケットに白のズボン、もしくは白のスカートを身につけて開会式に登場した。これらは、公式のユニフォームに「ナショナルカラー」を取り入れるという秩父宮《ちちぶのみや》のアイデアをもとに、紳士服商であった望月靖之《もちづきやすゆき》がデザインしたも

図53　西武デパートの制服と作業衣
（『サングラフ』1962〈昭和37〉年４月号．
国立国会図書館デジタルコレクション）

のである（安城 二〇一九）。白黒テレビからカラーテレビへの移行の時代に、ジャケットの赤は人々に鮮烈な印象を与えた。

女性服の既製服化

一九六〇年代後半になると、繊維産業以上に衣服製造業が発展し、婦人服や子ども服のメーカーが成長した。特に婦人服の既製服化が進み、コート、スーツ、ワンピース、スカート、スラックスの五品の消費額における既製服化の率は、一九六五（昭和四〇）年において三〇・三％であったが、一九七〇年には四五・〇％にまで増加した（千村 二〇〇一）。

既製服の需要が高まり、人々の購入機会が増えることで、繊維メーカー以上にアパレルメーカーの存在感が増すようになる。一九五五（昭和三〇）年にはイトキン、一九五九（昭和三四）年にはワールドが、婦人服を中心とした衣料品販売会社として設立された。またもともと紳士服の製造卸《おろし》であった樫山《かしやま》（オンワード）は、一九五九年に婦人既製服の分野に参入した。一九〇二（明治三五）年に創業した佐々木八十八《やそはち》営業部を前身とするレナウン（二〇二〇年に破産）は、一九六二年に婦人既製服に進出した。特に一九六七年のテレビCM「レナウン・イエイエ」は、現代的なリズムに合わせて闊歩するモデルの実写と「イエイエ」と書かれたアニメーションの組み合わせで注目され、ニット商品は大ヒットとなった。

海外への挑戦

一九五〇年代から六〇年代にかけては、繊維メーカーが発展、既製服メーカーが誕生し、来たるべき消費社会に向けてアパレル産業の基盤が築かれた。しかしデザイナー個人の活動も見過ごすことはできない。というのも一九六〇年代後半は、それまで洋裁学校や洋裁店を営んでいた女性が、ファッションデザイナーとして海外で発表を始めた時代でもあったからだ。

映画衣装の制作でキャリアを積んだ森英恵は、一九六五（昭和四〇）年にニューヨークのホテル・デルモニコで初のコレクションを発表した。伝統的な日本の紋様をあしらい、華やかな帯地を用いたドレスを披露した。また、皇室のデザイナーとしての地位を築き、国内でたびたびファッションショーも開催していた田中千代は、一九六三年にパリのホテル・クリヨン、一九六七年にはニューヨークのホテル・プラザでファッションショーを開催した。

これら六〇年代に海外で発表を始めたデザイナーたちは、日本の伝統的な素材や意匠を用いて好評を得たが、国内的には既製服のデザインも試みている。戦後に育った世代は、オートクチュールにならう優美なスタイルではなく、より新しく軽快なファッションを求めていたのである。

流行の消費と若者のファッション

新しい世代の成長

一九六〇年代には、戦後に生まれた世代が若者となり、新しい価値観を形成するようになった。その後に活躍することになるファッションデザイナーたちも、先行する世代とは異なる活動を始めていた。たとえば兵庫県姫路《ひめじ》市出身で一九五八（昭和三三）年に文化服装学院に入学した高田賢三《たかだけんぞう》は、新人デザイナーの登龍門と言われる「装苑賞」を一九六〇（昭和三五）年に受賞した。また多摩美術大学を卒業した三宅一生《みやけいっせい》は、パリに渡り、オートクチュールのギ・ラロッシュで経験を積んだのち、ニューヨークへ移り既製服についても学んだ。

アイビースタイル

若者たちの新しい感覚は、まず男性服の流行となって現れた。従来は、おしゃれなスタイルといえば大人のものであり、上等なスーツとはテーラーで仕立てるものであった。既製服はあらかじめハンガーに吊るされていたことから「吊るし」と呼ばれ、当初は安物の象徴であった。ところが変化の兆しが一九五〇年代後半から見られるようになる。

戦後にはアメリカの古着が大量に輸入され、男性服でもアメリカ文化の影響が見られたが、一九六〇年代になるとアメリカ北東部で流行した男性服のスタイルが若者たちの支持を得た。それが「アイビー」のスタイルである（図54）。アイビーとは、字義的には植物のツタのことを指し、ツタの絡まるような歴史的校舎をもつ八つの私立大学を総称して「アイビーリーグ」と呼ぶ。そしてこの名門校に所属する学生や卒業生など、アメリカのエリートたち特有のスタイルが、日本で注目されるようになった。それは三つボタンのジ

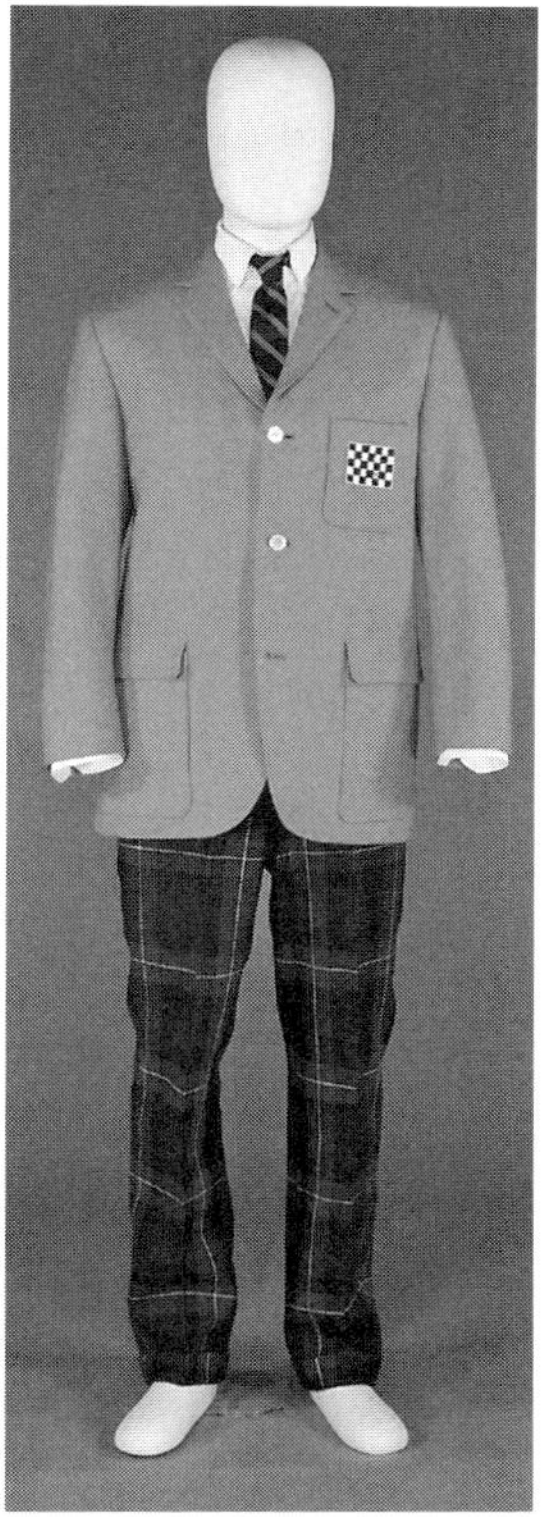

図54　アイビースタイル（アイビー・クラブ・ブレザー，1962〈昭和37〉年，VAN製．スラックス，1967年，KENT製，神戸ファッション美術館所蔵）

ャケット、ボタンダウンのシャツ、カーディガンやセーター、スラックスなどを用いるスタイルである。

これらをもとにして、若者をターゲットに既製服のデザインを行ったのが石津謙介《いしづけんすけ》のVANなどの既製服ブランドであった。アイビースタイルは『男の服飾』・『MEN'S CLUB（メンズクラブ）』といった男性ファッション誌を通して紹介された。また、石津謙介の長男石津祥介《しょうすけ》や写真家の林田昭慶《はやしだてるよし》がアイビーリーグのキャンパス風景を紹介した写真集『TAKE IVY』は、アイビースタイルに憧れる男性たちのバイブルとなった。

みゆき族

一九六四年の東京オリンピック間近の銀座には、みゆき通りを中心として街頭をたむろする若者たちが出現した。当時の新聞には、「勉強も仕事もしないでグニャグニャしてる連中」が、「夏ごろから急にふえて、最近では毎日、五百人近くにもなる」と報道されている。彼らの多くは中学二年生から高校三年生で、「ロングスカートやステテコ風のズボンに大きな紙袋をかかえた典型的なスタイル」で、夕方六時までに補導されたのは「ざっと七十人」、紙袋の中身は「セーラー服や学生ズボン」であったという（『朝日新聞』一九六四年九月一三日付朝刊）。

アイビースタイルに憧れる彼ら・彼女らのファッションは、より詳しく見ると、「赤や茶のグレーのしまシャツ、細いズボン、白いくつ下、先のまるい通称〝オカメ〟シューズ、女の子はスカーフではなくハンカチを三角に折って頭にかぶり、ピンクの口紅、セミスリーブのセーター、花模様のロングスカートにローヒールとユニホームのように個性がない」（『朝日新聞』一九六四年九月二〇日付朝刊）と評された。「個性がない」と言われることで、若者たちが一様に流行のファッションを身につけている様子がうかがえる。

大衆消費社会とミニスカート

一九六〇年代には、流行が低年齢化するが、それは大量生産による既製品の普及と物質文化の浸透が背景にあった。現代芸術では、消費社会と大衆文化の影響を受けたポップアートが誕生した。たとえば、漫画の一場面を拡大して作品にしたロイ・リキテンスタインや、マリリン・モンローなどの有名人のイメージを版画にしたアンディ・ウォーホルが登場した。

そして、ファッションの世界にも地殻変動が起こりつつあった。一九六〇年代のロンドンを発祥として、音楽とファッションを中心に若者たちが主導した文化がスウィンギング・ロンドンである。その中心にいたデザイナーの一人がマリー・クワントであり、彼女は若い女性のためのより軽快なファッションをデザインした。一九五〇年代半ばに「BAZAAR（バザー）」という店をロンドンで開き、一九五〇年代末にスカート丈を短くした「ミニスカート」を発表し、一九六〇年代に入ってからはアメリカにも進出し、既製服のデザインと販売を行った。

また同じ頃、パリのオートクチュールのデザイナーであったアンドレ・クレージュも、丈の短いドレスを発表した。伝統的なオートクチュールのデザインにさえ、ミニスカートが採用されたのである。これは画期的なことであった。すでに触れたように、西洋ファッションの歴史において、女性の脚は長いスカートに隠され、道徳的に人前に晒すものではないとみなされていた。二〇世紀前半に女性用のスポーティなファッションをデザインしたシャネルでさえ、膝頭は醜《みにく》いと考えていたほどである。それが、西洋の歴史上で初めて、女性の脚が人の目に触れるようになったのである。

従来のディオールやバレンシアガによる優美なドレスを着こなすモデルには大人の女性が選ばれていたが、新しく登場したミニスカートを着こなすことができたのは、エネルギッシュな若い女性であった。小枝のようにほっそりしていることから「ツイッギー（Twiggy）」と呼ばれたレズリー・ホーンビーが、ショートカットのヘアスタイルにポップな柄のミニスカートを履いて、躍動感のあるファッション写真のモデルを務めた。

一九六七（昭和四二）年の四月には、日本で「欧米に〝ツイイッギー旋風〟ミニスカートの王女《（ママ）》」と報道され、一〇月には実際に本人が「ひざ上三十《セン》《チ》。ボタン色のビロードのミニ・ドレスで、いかにもミニ・スカートの女王らしい様子」でやってきた（『朝日新聞』一九六七年一〇月二〇日付朝刊）。ミニスカートは、風紀上の議論を呼びつつも、現実の社会では若い世代から大人までを含めて広く受け入れられるようになった（図55）。

企業の制服にも一九六〇年代の流行の要素が色濃く反映されるようになった。たとえばミニスカート流行後の日本航空では、森英恵が紺色のワンピースに赤いベルトをポイントにした制服をデザインした。一九七〇年に開催された大阪万博に合わせて制服を一新した全日空では芦田淳《あしだじゅん》が、Aラインのシルエットでワンピースをデザインした。制服もミニスカートとなったのである。

図55　ミニスカート（1969〈昭和44〉年．共同通信社）

社会変革と抗議運動

一九六〇年代後半のファッションは、社会的な変革との関係において生まれてきた。アメリカでは一九五〇年代後半から六〇年代前半にかけて、黒人の基本的人権を要求する公民権運動がさかんになった。さらに一九六〇年代後半にはベトナム戦争に対する反戦運動が起き、学生を中心としてアメリカ各地に広がっていった。フランスでは、政府に対する不満を抱えた学生たちによる抗議運動が労働運動と結びつき、大規模なゼネラル・ストライキが行われた。

日本でも一九六八（昭和四三）年から六九年にかけて、戦後のベビーブームに生まれた団塊の世代が、既存の社会体制に対して異議申し立てを激しく表明した。東京大学医学部研修医の待遇改善をめぐって、大学当局と学生の間で紛争が生じたのをきっかけに、安田講堂を占拠した学生たちに対して警視庁機動隊が出動する事態となった。戦後の民主主義社会における高度経済成長の傍らで、学生運動や労働運動を通して社会問題が提起され、主流の高級文化に反発する対抗文化が若者に広い支持を得た。そしてそのような新たな価値観や行動規範が、ファッションを通じても表現されたのである。

ヒッピーとフーテン族

ヒッピーは、一九六〇年代のアメリカにおける反戦運動や公民権運動を背景として、アメリカ西海岸から生まれた特有の行動様式と生き方を志向する若者のことを指す。産業社会とは距離をとり、自然への回帰や神秘主義思想に耽《ふけ》り、ロック音楽やドラッグを好んだ。男性は長髪で髭《ひげ》を伸ばし、Tシャツを着たりジーンズをはいたりした。女性も長い髪にロングスカートやサンダルをはき、ヘアバンドやビーズネックレスをつけることもあった。

日本では、一九六七（昭和四二）年頃に、新宿東口前の芝生広場に「世間的な出世、あくせくした金もうけ、政治、型にはまった仕事、勉強などを軽蔑して脱出した若者」が寄り集まってきた。警察は取り締まりをしようとしたが、徒労に終わり、マスコミが注目しはじめた。アメリカの「ヒッピー族のように、反社会的行動や既成モラルへの破壊意識などの実体が、ありそうにみえて実際はなかった」ために、「和製ヒッピー族、アングラ族、怠け者のぶらぶら族、ハプニング族、家出族など、新宿の風変わりな若者を一括することば」として、フーテン族の名で呼ばれることになった（深作　一九六八）。これらの若者は、長髪にしてサングラスをかけたり、髭をのばしたり、赤・青・黄などさまざまな色を取り混ぜた「サイケ調」と呼ばれる服装をして、無気力に振る舞った。

いずれにしても一九六〇年代には、若者世代をターゲットとした既製服が作られるようになり、若者集団を中心とする流行現象が生み出されるようになったのである。

日本のファッションが世界と出会う

昭和後期以降（一九七〇～二〇二〇年代初頭）

若手デザイナーの成長と既製服ブランドの発展——一九七〇年代

高度経済成長の終焉

一九六〇年代末には日本はアメリカに次ぐ経済大国になった。しかし一九七三（昭和四八）年の石油危機により極度のインフレが発生し、高度経済成長は終焉を迎えた。六〇年代末の大学紛争や反戦運動を背景として安保闘争が激化し、大規模な社会運動が展開した。急速な工業化による環境破壊が進行し、公害病が社会問題となった。一九七〇年代には階級、世代、思想の対立が浮き彫りとなり、流動する社会のなかで、ファッションは多様性や個性を表現するものとみなされるようになった。

原宿のデザイナー

東京のおしゃれな街といえば銀座であったが、一九六四（昭和三九）年の東京オリンピックを契機として原宿界隈に観光客向けのレストランやブティックが開店し、外国人や若者たちが集まるようになった。特に表参道と明治通りの交差点に面した「セントラル・アパート」には、カメラマンや編集者、イラストレーターなどが事務所を構え、一階の喫茶店「レオン」が若いデザイナーたちの溜まり場となった。

そして一九六〇年代から七〇年代にかけて、原宿、表参道、青山界隈に次々とブティックがオープンした。まず一九六四年には荒牧太郎《あらまきたろう》の「Mademoiselle NONNON（マドモアゼルノンノン）」が開店し、編み込みニットやボーダーTシャツなどで人気を博した。一九六六年にはコシノジュンコが「COLETTE（コレット）」をオープンし、フリルや刺繍《ししゅう》を用いたサイケデリックなファッションで人気となった。

そして一九六七年には松田光弘《まつだみつひろ》が「NICOLE（ニコル）」を設立し、ブランド名を入れたカラフルなTシャツやニット製品で話題となった。また一九七〇年には大川ひとみが「MILK（ミルク）」を開店し、ポップな柄のセーターやさまざまなブランドの商品を取り揃えて注目された。同年、菊池武夫《きくちたけお》、稲葉賀恵《いなばよしえ》、大楠祐二《おおくすゆうじ》らによって「BIGI（ビギ）」が設立され、カウンターカルチャーの要素を取り入れつつ、ナチュラルなプリント柄や民族的な装飾で人気を博した。

既製服の時代

これらのブティックは、マンションの一室で少人数のスタッフがデザイン、生産、販売を行っていたために「マンションメーカー」と呼ばれ、大手のアパレルメーカーに対して、個性的なデザインの服を少数生産することで評判となった。一九七〇年代には個性的なデザイナーによる既製服のブランドが多数登場したが、欧米ではすでに若者向けの既製服がファッション産業の中心となっていた。たとえばイヴ・サンローランは、パリのセーヌ川右岸にオートクチュール店を開店したデザイナーであったが、一九六六年には左岸に「イヴ・サンローラン・リヴ・ゴーシュ」という名のプレタポルテのブティックを開いた。

プレタポルテとは大量生産の粗悪な既製服と区別された、デザイナーによる高級既製服を指す。一点一点顧客の体に合わせて仕立てる高級仕立服よりも、よりデザイン性に富んだ安価な服の人気が高まり、オートクチュールのデザイナーたちが次々とプレタポルテを手がけるようになった。パリのファッション界が仕立服から既製服へ移行した時代に、洋服文化の成熟した日本において、既製服のデザイナーが活躍を始めたのである。

若手デザイナーのパリ進出

一九六〇年代には森英恵や田中千代がパリやニューヨークで作品を発表したが、一九七〇年代には若手デザイナーが海外で活動するようになった。一九六五年にパリへ渡った高田賢三は、一九七〇年に「ジャングル・ジャップ」というブティックを開店し、日本の浴衣《ゆかた》や蚤《のみ》の市《いち》の古布、民族的モチーフを用いたファッションをデザインした。特に、麻の葉模様のドレスがフランスのファッション誌『ELLE（エル）』の表紙を飾り、注目された（図56）。

　またパリからニューヨークへ渡った三宅一生は、一九七〇年に東京で三宅デザイン事務所を立ち上げたのちに、一九七一年にニューヨークで、一九七三年にはパリでファッションショーを開催した。三宅一生は「一枚の布」をコンセプトに衣服と身体の関係を追求し、造形的かつ活動的な衣服をデザインした。また、コシノジュンコのもとで経験を積んだ山本寛斎《やまもとかんさい》は、一九七一年にロンドンでファッションショーを行い、歌舞伎《かぶき》に着想を得た大胆なデザインで注目され、のちにデヴィッド・ボウイのステージ衣装を手がけて話題となった。

図56　フランスのファッション誌の表紙を飾る高田賢三のファッション（『ELLE』1970年6月5日号）

　一九七〇年代に日本人の若手デザイナーが欧米で評価されたのには、いくつかの理由が考えられる。まず、西洋において既製服に対する需要が高まったことが背景にある。裁断縫製《さいだんほうせい》の技術やフィット感以上に、デザイン性や新規性が求められるようになり、オートクチュールの伝統を持たない日本のデザイナーたちにも、パリのファッション界への門戸が開かれたのである。

また一九六〇年代後半のヒッピーによる自然回帰の風潮のもと、民族衣装への関心が高まったことも背景にある。ヒッピーは天然素材、ビーズや刺繍、民族衣装のモチーフを好んで身につけたが、アフリカに着想を得た「サファリルック」をイヴ・サンローランがデザインしたように、パリのファッション界においても「フォークロア」が流行した。そのため、非西洋諸国に属する日本の伝統衣装も関心を引いたのである。

日本のデザイナーたちは、西洋のファッションデザイナーとの差別化を図るために、和服のデザイン的要素を積極的に打ち出した。こうして、プレタポルテの分野において日本人のデザイナーが存在感を高めたのである。

オートクチュールの日本人

一方、オートクチュールの分野でも画期的な出来事が起こる。それは、一九七七年に森英恵がパリのオートクチュール組合への加盟を認められたことである。森英恵は映画衣装を数多く手がけ、アメリカで日本的意匠《い しょう》を用いたパーティードレスで人気を博し、直営店を経営するまでになっていた（図57）。

オートクチュール組合は一九世紀後半に創設されて以来、さまざまな条件をクリアしたブランドのみが加盟を許される招待制の組織であったが、森英恵は東洋人として初めてそのメンバーになった。これは日本の洋装店から出発したデザイナーがキャリアの頂点を極めたことを示すと同時に、日本の洋服文化が西洋のファッションデザインを完全に咀嚼《そしゃく》したことも意味していよう。表参道には、地上五階地下一階からなる「ハナエ・モリビル」が建築家の丹下健三《たんげけんぞう》の設計によりオープンし、森英恵は日本のファッションブランドとしての地位を確立した。

図57　森英恵《ジャンプスーツ，カフタン「菊のパジャマドレス」》（1966〈昭和41〉年．島根県立石見美術館所蔵）

デザイナーの連携

国内外で日本のファッションデザイナーたちの活躍が目立つようになるにつれ、それまで単独で行動していたデザイナーたちが集まり、グループとして活動する試みが生まれた。それが、T

D6（トップデザイナー6）である。一九七四年に、コシノジュンコ、金子功《かねこいさお》（ピンクハウス）、松田光弘（ニコル）、菊池武夫、花井幸子《はないゆきこ》、山本寛斎の六名が集まり、それまで個別に開催していたファッションショーを、「ファッションウィーク」と設定した期間内に開催することにした。複数のファッションブランドが集中的に新作発表を行うことによって、メディアの注目が集まり、業界関係者も効率的に仕事ができた。

パリで開催されるファッションショーでは、オートクチュールとともにプレタポルテのショーが注目されるようになるが、既製服の台頭とともにニューヨークやミラノでもファッションショーが組織されるようになる。若手デザイナーが外国での成功を目指すなかで、メンバーには入れ替わりも生じたが、TD6は東京を世界の都市と並ぶファッションの発信地へ成長させようとしていた。

ファッション誌とアンノン族

一九六〇年代の洋裁家が教育者とデザイナーを兼ねていたのに対し、一九七〇年代に活躍したデザイナーたちはデザインを製品化し、定期的にショーを行い、流行を作り出した。一九六〇年代に洋裁を学んだ生徒たちは、流行を追う消費者としても育成され、一九七〇年代に既製服が普及すると、服を購入するための情報を重視するようになる。

そこで服作りと型紙を主体とする洋裁雑誌に代わり、新しいタイプのファッション誌が登場した。この時代を象徴する雑誌が『anan（アンアン）』である。同誌は、一九七〇年にフランスのファッション誌『エル』の日本版として創刊された。『アンアン』はパリの流行情報に加えて、日本のデザイナーたちも取り上げ、ファッション写真とともにアイテム、ブランド、価格情報を掲載した。そして服の組み合わせ、アクセサリー、靴、バッグの添え方など、コーディネートの提案を行った。着こなしの提案をするスタイリストが活躍しはじめるのもこの時代である。

また『アンアン』は旅行やレストラン、インテリア、雑貨などの情報を掲載し、おしゃれな服を着て生活したいと望む若い女性たちのガイドブックの役割を果たした。翌年には『non-no（ノンノ）』が創刊され、これらのファッション誌を愛読して旅に出かける若い女性たちが、「アンノン族」と呼ばれるようになる。

都会の流行

既製服の普及によって、女性服においてはさまざまなアイテムが取り入れられるようになった。ヒッピーやフォークロアの影響から、一九七〇年代にはロングスカートや裾広がりのパンタロンが人気となった（図58）。そして七〇年代半ばになると、シャツとタイトスカートを組み合わせたコンサバティブな装いが「ニュートラディショナル」として注目され、「ニュートラ」のブームを巻き起こした。特に一九七五年に創刊された『JJ（ジェイジェイ）』が、神戸発祥の「ニュートラ」を積極的に紹介

図58　パンタロン（1970〈昭和45〉年．共同通信社）

し、横浜を中心とする「ハマトラ」と呼ばれるスタイルを派生させ、東西における流行の比較がさかんに行われた。

　また、男性誌においても新たな特集が組まれるようになった。一九七六年に創刊された『POPEYE（ポパイ）』は、都会的な生活を営む若い男性にスポーツやレジャー、ライフスタイル全般の提案を行い、ファッションやガジェット類をさかんに紹介した。同じ年には、アメリカのカジュアルなファッションや雑貨を選んで販売する「American Life Shop BEAMS（アメリカンライフショップ ビームス）」（現 BEAMS）が誕生した。また一九七七年には、銀座に「SHIPS（シップス）」がオープンした。ブティックやショップが扱う商品とファッション誌の情報が相補的な関係をなし、流行が巧《たく》みに作り出されていくようになった。

ファッションブランドの確立と大衆への浸透——一九八〇年代

バブル経済とポストモダン

一九八〇年代前半には自動車や半導体産業の輸出が増加し、日本は世界最大の貿易黒字国へ成長した。一九八〇年代後半になると、円高不況による低金利政策が実施され、株価と地価が高騰し、バブル経済の好景気に沸いた。情報・消費社会における価値観の多様化を背景に、近代的な進歩史観を否定する「ポストモダン」の思想が広まり、資本主義的な商業文化が花開いた。

一九八〇年代のパリ

対米輸出の増大により経済大国となり、世界での存在感を強めた日本は、ファッションデザインの分野においても目覚ましい発展を遂げた。一九八〇年代のパリのファッション界では、アズディン・アライアやクロード・モンタナが人気を博し、ボディラインを強調したシルエットがもてはやされる一方、日本人デザイナーが注目されるようになる。

一九七三年に株式会社「COMME des GARÇONS（コムデギャルソン）」を設立した川久保《かわくぼ》玲《れい》と一九七二年に「Y's（ワイズ）」を設立した山本耀司《やまもとようじ》は、一九八二年にパリでファッションショーを行い、衝撃をもたらした。観客が目にしたのは、穴が空いたニット、裁ちっぱなしの裾、しわしわによれた布地、あちこち結ばれ「こぶ」のできた服、ぐるぐるねじって巻いた服。色はアイボリーや黒などのモノトーンを中心としていた。

西洋のファッションでは、衣服の裾はほつれないようにまつり、しわがよらないようにアイロンをかけ、体のラインを見せるためにドレープさせることが常識であったにもかかわらず、だ。一九八〇年代のボディラインを強調するパリの主流デザイナーたちとはまったく異なるデザインが、西洋の観客にショックを与えたのである。

新しい女性像

川久保玲と山本耀司は、先行する日本人デザイナーとも異なっていた。

一九七〇年代までに海外へ向かったデザイナーたちは、日本の着物や紋様を用いたデザインで、「東洋と西洋の出会い」として好評価を得ていた。ところが、一九八〇年代にパリでデビューした二人に対しては、酷評とも言える反応が相次いだ。それは二人のデザインが、西洋の伝統的な衣服制作の理念に反するものであったからだ。完璧な裁断と縫製の技術によって、ボディラインの美しさを表現し、理想的な女性像を作り上げてきたのが、オートクチュールの伝統をもつ西洋のファッションであった。そしてアライアやモンタナなどパリのデザイナーが提案したのも、ボディラインをなぞるファッションであった。

ところが二人の日本人デザイナーは、不完全な縫製、左右非対称の形、だぼだぼの大きさで女性服をデザインし、従来の「女性らしさ」や「美しさ」に疑問を投げかけた。川久保玲の「コムデギャルソン」とはフランス語で「少年のように」を意味する言葉であり、ブランド名からして女性ファッションのあり方を問いかけていた。やがてこれらのデザインは新しいファッションを創造する試みとして高い評価を得、二人は前衛的なデザイナーとしての地位を確立する。近代からの脱却を目指したポストモダン思想が流行したように、西洋近代に形成された女性像や価値観を覆《くつがえ》すもの、特に哲学者デリダの言葉を引いて、西洋ファッションを「脱構築」する試みとして解釈されたのである。

ファッションブランド興隆

二人のデザイナーの活躍により、他のファッションデザイナーたちも国内外で精力的に活動するようになった。「ビギ」のメンバーであった菊池武夫は、ロンドンのストリートの感覚を取り入れた「Takeo KIKUCHI（タケオキクチ）」を、稲葉賀惠は着心地の良いベーシックな服作りをする「yoshie inaba（ヨシエイナバ）」を立ち上げた。また松田光弘の「NICOLE（ニコル）」は一九八〇年代初頭にアメリカに進出するとともに、自身のブランドから多数の既製服デザイナーを輩出した。日本国内で特に高い人気を誇ったのは金子功の「PINK HOUSE（ピンクハウス）」である。赤や白のワンピースやロングスカートにレースやコサージュ、刺繍をふんだんにあしらい、ロマンティックなスタイルで一世を風靡した。また大胆で未来的な造形を得意としたコシノジュンコ、華やかな色と柄の組み合わせを得意とした鳥居《とりい》ユキなどが活躍した。

メンズファッションにおいても遊び心のあるデザインを提案したデザイナーが多数登場する。たとえば、小西良幸《こにしよしゆき》（ドン小西）は、手の込んだニット製品で色彩豊かなセーターやジャケットを制作した。また佐藤孝信《さとうこうしん》の「arrston volaju（アーストン・ボラージュ）」は個性的な柄のスーツで人気を博し、ジャズトランペット奏者のマイルス・デイヴィスや日本の芸能人が好んでステージ衣装に用いた。中野裕通《なかのひろみち》は自身の名を冠したブランドを一九八四年に設立し、小泉今日子《こいずみきょうこ》などアイドル歌手の衣装をデザインして話題となった。

渋谷カルチャー

一九八〇年代には多数のファッションデザイナーが独自のブランドを立ち上げた。これらは、デザイナーの個性やブランドのイメージを特徴として打ち出したために、「デザイナーズ&キャラクターズブランド」、略して「DCブランド」と呼ばれた。DCブランドは従来の百貨店のみならず、ショッピングセンターの一種であるファッションビルにも出店した。従来の百貨店では、百貨店が取り扱い商品を選別して社員が販売していたが、ファッションビルではテナントとなるＤＣブランドが店舗を構えた。

一九七〇年代に既製服ブランドやファッション小物を扱いはじめた「PARCO（パルコ）」や「丸井」が、一九八〇年代にファッションビルとして急成長した。特にセゾングループによる西武百貨店や渋谷パルコの集中する渋谷では、劇場やホール、美術館が次々とオープンし、ファッションだけでなく、音楽、映画、アートにおいても最先端の流行が発信され、渋谷の街が若者文化を牽引《けんいん》する役割を担った。

東京プレタポルテ・コレクション

ファッションブランドの充実に伴い、ファッションの発信地としての東京の在り方が見直されるようになる。一九八五年には読売新聞創刊一一〇年を記念して「東京プレタポルテ・コレクション」が開催された（図59）。ファッションデザイナーが国際的に評価される一方、「世界に向けてのファッション情報はインパクトに欠ける」ことが問題とされ、読売新聞社が日本の代表的デザイナーと新進デザイナー約四〇名を集め、東京新宿に設営したテント会場を中心にファッションショーを開催することにしたのである（『読売新聞』一九八四年一二月八日付朝刊）。

そして、このコレクションをきっかけとして「東京ファッションデザイナー協議会（ＣＦＤ）」が誕生した。経験と能力をもち、東京を拠点にファッションショーを開催するデ

図59　東京プレタポルテ・コレクションの広告（『読売新聞』1985〈昭和60〉年５月30日付）

ザイナーを会員として、主に春夏のコレクションの開催を目的とした。代表幹事に三宅一生、幹事には川久保玲や松田光弘、森英恵などが就任し、三二名のデザイナーが参加を表明した（『読売新聞』一九八五年七月一二日付朝刊）。こうして一九八五年の秋には一九八六年春夏シーズンのための「東京コレクション」が初めて開催された。外国のプレス（報道陣）を呼び込むための課題はあったものの、国内的には大きな話題となった（『読売新聞』一九八五年一一月三〇日付朝刊）。

おしゃれ至上主義

ファッションデザイナーたちが連携し、ＤＣブランドを中心とする組織づくりが進められた。定期的な「コレクション」の開催によって、新しいファッションが半年ごとに入れ替わる。若者はシーズンごとに流行を追いかけ、学生もバーゲンに並んでブランドの服を買った。好景気を背景に、若者たちがファッションの主たる消費者となった。前衛的なファッションは時に大人たちの眉を顰《ひそ》めさせたが、若者たちには熱狂的な支持を得た。川久保玲や山本耀司が提案したスタイルは黒を多用したことから「黒の衝撃」と呼ばれたが、これらのブランドのスタイルにならい、全身ゆったりとした黒づくめの若者たちが出現し、「カラス族」と言われるようになった（図60）。

図60　カラス族（1981〈昭和56〉年.「ACROSS」編集室〈パルコ〉提供）

一方で、パリのデザイナーたちによるボディラインを強調したファッションは「ボディコンシャス」なスタイルとして受け入れられた。肩パッドを入れたジャケットとタイトなスカートにハイヒールを合わせたスタイルがＯＬに人気となり、「ボディコン」のブームを作り出した（図61）。女子大生でありファッションモデルが主人公の、田《た》中康夫《なかやすお》による小説『なんとなく、クリスタル』が話題となり、都会的でおしゃれなカップルの日常を描いたわたせせいぞうのイラスト

図61　肩パッド入りの「ボディコン」のスーツ（1989〈平成元〉年．共同通信社）

が人気となった。

また一九八二年に創刊されたファッション誌『Olive（オリーブ）』は、パリの女子高校生（リセエンヌ）のライフスタイルとともに都会的でロマンチックなスタイルを提案した。ファッショナブルであること、おしゃれであることに至上の価値を置く、ブランド志向の若者が増加した。

ヤンキーの登場

しかしながらファッションに関心を持ったのは、優等生ばかりでなかった。一九七〇年代末から一九八〇年代初頭にかけて、代々木公園付

図62　踊る「竹の子族」(1980〈昭和55〉年．共同通信社)

近の歩行者天国に、ラジカセで音楽を流して踊る若者が出現した。彼ら・彼女らは衣装を自作することもあれば、竹下《たけした》通りにある「ブティック竹の子」で衣装を購入したために、「竹の子族」と呼ばれるようになる。袖付けがゆったりした上着にモンペのようなハーレムパンツを組み合わせ、鉢巻やロングネックレスをつけた(図62)。

原色の派手なサテン地の衣装をまとった若者たちは、仲間同士でチームを結成し、多い時には二千人が集まった。新宿のフーテン族を警察が取り締まったように、世間を賑わせた竹の子族の不良行為に、しばしば警察が目をつけ補導を行った。なかには、七〇年代から八〇年代にかけて、集団でオートバイを乗り回し騒音を立てて危険運転を行う暴走族とつながりをもつ若者も存在した。

　また、当時は校内暴力が吹き荒れていた時代でもあり、物を壊したり喫煙したりする不良も珍しくなかった。一九七〇年代の不良は男子が「ツッパリ」、女子は「スケバン」と呼ばれたが、一九八〇年代には「ヤンキー」の呼称が定着し、学生服を改造して着用した。「学ラン」と呼ばれた学生服の丈を長くした「長ラン」や、逆に短くした「短ラン」、ズボンの裾を極端にすぼめた「ボンタン」などが登場した。また女子の場合はセーラー服の上着を短くし、スカートの丈をくるぶしまで伸ばして着た。

　不良高校生が主役となった漫画「ビー・バップ・ハイスクール」や「スケバン刑事《でか》」が人気を博し、不良のファッションとして広まっていった。既製服が普及し、若者向けのブランドが増加し、おしゃれが身近なものとして若者たちに意識された時代に、日々身に着ける制服においても他者との差別化やグループとの連帯が表現されるようになったのである。

ストリートカルチャーの台頭――一九九〇年代

バブル崩壊と社会不安

一九九〇年代は、湾岸戦争が勃発し、ソビエト連邦が崩壊し、ヨーロッパではＥＵが発足し、世界情勢の変容が著しい時代であった。一方、日本では約六〇年にわたった昭和が一九八九年初頭に終焉し、一九九〇年代は平成の新たな時代を迎える。しかし一九九〇年代はじめにバブル経済が崩壊し、不況の波が押し寄せる。阪神《はんしん》・淡路《あわじ》大震災や地下鉄サリン事件が発生し、社会不安が広がるなか、ファッションにも変化が現れた。

バブルの残り香

一九八〇年代パリのファッション界の主流を占めたボディコンシャスのブームは、日本では一九九一（平成三）年に芝浦《しばうら》にオープンしたディスコ「ジュリアナ東京」で頂点を迎えることになった。髪型全体を同じ長さに切り揃えたワンレングスのヘアスタイルに、体にピッタリとフィットした服を着る「ワンレン」「ボディコン」スタイルの女性たちが、ダンスホールの脇に設けられた「お立ち台」の上に乗り、羽付きの扇子《せんす》を振り翳《かざ》して踊る姿が一世を風靡《ふうび》した。一九九四年に閉店するまでのジュリアナ東京におけるファッションは、バブル経済崩壊後の徒花《あだばな》だったと言えよう。

着こなしの重視

一九七〇年代の原宿、一九八〇年代の渋谷を中心として、日本のファッション文化は発展したが、一九九〇年代には主流のファッションとは異なるスタイルを楽しむ若者が増えてくる。DCブランド全盛の時代には、あるブランドの服で全身を揃えることが重要であったが、自分なりにアイテムを組み合わせてコーディネートをする習慣が定着する。つまり、ブランドの提案するトータルコーディネートから、個別のスタイリングもしくは独自のコーディネートが重視されるようになるのだ。それゆえに、作り手が提案するファッション以上に、それらのファッションを自由かつ独創的に着こなす若者一人ひとりに注目が集まった。流行が街中の若者たちから生まれてくるようになったのである。

ストリートファッションは、すでに一九七〇年代のアメリカで注目されはじめていた。ニューヨークのブロンクス地区からヒップホップミュージックが生まれ、オーバーサイズのTシャツやパーカー、腰ではくズボン、スニーカーがブームとなり、また西海岸ではスケートボードが流行し、スケーターたちのファッションが注目されていた。このようなアメリカのストリートカルチャーの影響を受けつつ、一九九〇年代の日本においてもストリートから流行が発信されるようになるのである。

原宿のストリート

一九九三年には、「A BATHING APE®（ア ベイシング エイプ）」を立ち上げたNIGO《にごー》®と「UNDERCOVER（アンダーカバー）」のデザイナー高橋盾《たかはしじゅん》が共同で、原宿の裏通りに「NOWHERE（ノーウェア）」というショップをオープンした。手刷りプリントTシャツやスウェットなど、ヒップホップを連想させるカジュアルなスタイルを限定商品として販売し、口コミを通して人気が広まった。限定品を求める若者たちが長蛇の列を作った路地裏は「裏原宿」と呼ばれるようになり、この地域から生まれたストリートファッションは「裏原系」と称されるようになる。二〇〇〇年代に入ると「ア ベイシング エイプ」はニューヨークやロンドンに進出し、「アンダーカバー」も二〇〇二年からパリのファッション界に進出し、原宿の路地裏から世界へ飛び立ってストリートブランドとしての地位を確立した。

注目を集めたのはデザイナーたちだけではない。原宿の路上にいる個性的な若者たちのスタイルをとらえた雑誌『FRUiTS（フルーツ）』が一九九七年に創刊された。「原宿フリースタイル」と謳われた雑誌には、有名モデルを撮影したファッション写真ではなく、ストリートの若者たちのこだわりの格好が掲載された。コーディネートを見せるための全身写真に、アイテムの情報と簡単なプロフィールを添えた写真が、街中の生きたファッションを伝えた。このようなストリートスナップを主体とする新たなファッション誌が人気を博し、雑誌が有名になると、編集者でカメラマンであった青木正一《あおきしょういち》に撮影をしてもらおうと、原宿の一角にたむろする若者たちが出現するようになった。

渋谷のストリート

原宿だけではなく渋谷の街にも変化が起きていた。「ビームス」や「シップス」など、アメリカのカジュアルスタイルを扱うショップは、一九九〇年代になると「セレクトショップ」としての存在感を高めることになる。渋谷で洗練された「アメカジ（アメリカンカジュアル）」のスタイルは「渋カジ」として八〇年代末頃から広まり、男性は紺のブレザーや革のジャンパーなどにジーンズ、女性はソバージュのヘアスタイルに白い開襟シャツとジーンズなどを合わせたスタイルが流行した。

一方、一九九〇年代半ばには、百貨店やファッションビルから路上へ、すなわち渋谷のセンター街に若い女性や女子高生が集まってくる。彼女たちは、茶髪と派手なメイクに小麦色の肌、ミニスカートに厚底靴を履き、「コギャル」と呼ばれるようになった。特に一九九〇年代半ばに人気絶頂にあった歌手、安室奈美恵《あむろなみえ》のスタイルを真似て、茶髪《ちゃぱつ》に細眉《ほそまゆ》、ミニスカートに厚底ブーツの女性たちが大勢現れ、「アムラー」と称された。

また女子中高生の間では制服のスカート丈を短くし、厚手で長い靴下をわざと弛《たる》ませてはく「ルーズソックス」が流行した。彼女たちは、ＰＨＳやポケットベル（ポケベル）で仲間と連絡を取り合い、プリクラで写真を撮ってシールにした（図63）。一九九五年に創刊された雑誌『egg（エッグ）』は、コギャルのメイクとファッション、日常生活を赤裸々に取り上げることで人気を博した。

図63　プリクラに並ぶルーズソックスをはいた女子高生たち（1997〈平成９〉年．共同通信社）

さらに、道玄坂にある東急グループのファッションビル「SHIBUYA109（しぶやいちまるきゅー）」には、コギャルスタイルのブランドが集結し、ファッションリーダーとなった店員が「カリスマ店員」と呼ばれ、雑誌に読者モデルとして登場した。このコギャルのスタイルは徐々に極端な誇張へと向かい、一九九〇年代末には、ハイブリーチのヘアスタイルに焦茶色《こげちゃ》の肌、白いハイライトのメイクとなり、「ガングロ」から「ヤマンバ」の呼び名まで登場した。そして一九九〇年代後半の渋谷のストリートファッションに身を包む男性たちは「ギャル男《お》」と呼ばれた。

日本のファッションデザイン

日本国内ではストリートから個性的な流行が発信される一方で、パリで活躍するデザイナーたちは評価を積み重ね、日本のファッションデザインの地位を向上させた。三宅一生はポリエステル素材にプリーツ加工を施し、コンパクトに持ち運べて畳んでも皺《しわ》にならず、どのような体型にもフィットし、なおかつ造形的なデザインの衣服「PLEATS PLEASE（プリーツプリーズ）」を作り出した。また一九九〇年代末には藤原大《ふじわらだい》とともに、一本の糸からさまざまなアイテムを編み上げる「A-POC（エイポック）」のシリーズを開始し、一体成型の技術による服作りを行った。

川久保玲は一九九四年、「トランセンディング・ジェンダー（ジェンダーを超える）」をテーマとして、男性のスーツと女性のドレスを組み合わせたウエディングドレスをデザインし、男性と女性に分け隔てられた性別の規範を問いかけた。また一九九六年には「ボディ・ミーツ・ドレス　ドレス・ミーツ・ボディ」をテーマとして、ダウンパッドを衣服の内部に取り付けたデザインを発表した。背中や腰などが不定形に膨らんだファッションを見て、多くの人々は戸惑いを覚えたが、これらのデザインは衣服と身体の関係を追求する一九九〇年代の文化的潮流から生まれたものだった。

身体への関心

一九九〇年代は、エイズ患者の急増と臓器移植の問題を背景として、身体と性に関する関心が高まった時代である。西洋の伝統的な芸術においては美しい身体が表現されてきたが、二〇世紀末にあっても（当時においては）人知を超えた病や倫理的問題の発現に、理想的な美しい身体ではなく、身体の脆《もろ》さや儚《はかな》さが注目されるようになったのである。

そのような社会的関心を背景として、身体改造のパフォーマンスや性の表現を問い直す芸術作品が多数登場した。世紀末東京のストリートに出現した「ガングロ」や「ヤマンバ」も、ローカルな流行現象でありながら、極端なメイクアップや過剰な日焼けをほどこすことによって、身体を可変的に扱うスタイルの流行であったと言える。一九八〇年代からパリでファッションショーを行っていた川久保玲は、衣服と身体の関係を最も先鋭的な形で表現したと言えるだろう。

ファッション業界の変化

一九九〇年代には、パリで活動する新たなデザイナーが登場した。津村《つむら》耕佑《こうすけ》は「FINAL HOME（ファイナルホーム）」というブランドを立ち上げ、非常時には新聞紙や必需品を多数のポケットに詰め込むことのできるサバイバルウェアをデザインした。また、華やかな刺繍とパッチワークを得意とした丸山敬《まるやまけい》太《た》、落ち着いた色味と凝ったパターンを得意とした田山淳朗《たやまあつろう》、異なる種類の素材や文様の組み合わせに長けた永澤陽一《ながさわよういち》らが活躍した。これらのデザイナーたちは二〇〇〇年代に入ると、さまざまな企業とのコラボレーション、ブランドのプロデュース、教育機関で後進の指導を務めるなど、活動の幅を大きく広げた。

また、国内においては、ユニクロや無印良品などの大衆ブランドの発展も見過ごせない。一九八四年に広島に一号店がオープンした「UNIQLO（ユニクロ）」は、軽くて温かく彩り豊かなフリースのウェアが大ヒット商品となり、国民的ブランドとしての成長を始める。一方、国際的には、ブランドビジネスを展開していたベルナール・アルノーがルイ・ヴィトンの親会社である「LVMH（モエ・ヘネシー・ルイ・ヴィトン）」を買収したことにより、ファッション業界の再編が起こった。

以来、ファッションデザイナーの独創性よりも、ブランドビジネスのためのマーケティングが重視されるようになり、日本のデザイナーたちもパリのファッション界の変質に少なからぬ影響を受けるようになる。一九九〇年代は、ファッションデザイナーの個性がブランドの服作りにもっとも強く反映された時代であったと言える。

二極化するファッション——二〇〇〇年代

新世紀

二一世紀という新たな時代を迎えた二〇〇〇年代であったが、アメリカ同時多発テロ事件やリーマンショックが起こり、世界的に情勢不安と経済不況が広がり、国内の経済活動も大きく停滞した。インターネットの普及により、出版不況が深刻化し、ファッション産業にも長期的な影響が出はじめる。ＩＴベンチャー企業で富を蓄積する六本木の「ヒルズ族」が出現するものの、経済格差は社会問題となった。

ダブルネーム

二〇世紀末からのストリートファッションの流行は、ハイファッションの世界にも影響を与えるようになった。カジュアルでスポーティなファッションが、パリを中心とするファッションブランドのデザインにも取り入れられるようになる。二一世紀初頭に「Yohji Yamamoto（ヨウジヤマモト）」はスポーツブランドの

「adidas（アディダス）」と組み、アディダスを象徴する三本線を取り入れたジャンパーやスニーカーを発表した。

以後、パリのハイファッションのブランドと、別のジャンルや製品を手掛けるブランドとの「コラボレーション」が盛んになる。ブランドにとっては話題作り、消費者にとっては「ダブルネーム」の限定商品ということで、さまざまなブランドがコラボ商品やイベントの企画をするようになる。そのなかで話題の先陣を切ったのが、ルイ・ヴィトンのコラボレーションである。

旅行用トランクのブランドであったルイ・ヴィトンがファッション業界に本格的に参入したのは、一九九七年のことであった。アメリカ人デザイナーのマーク・ジェイコブスがアーティスティック・ディレクターとして起用され、ファッションショーでの露出を高めることでバッグの宣伝が行われるようになった。ヴィトンの定番の商品はLとVの文字を掛け合わせたモノグラムのシリーズであったが、このデザインを日本人の現代美術家・村《むら》上隆《かみたかし》とのコラボレーションによって刷新したのである。

日本画から漫画やアニメまで、日本の芸術文化特有の平面的な装飾性を駆使した村上隆が、伝統的なモノグラムに、独自に考案したキャラクターを忍び込ませ、ポップでカラフルなバッグに変身させた。その昔、清少納言《せいしょうなごん》が『枕草子《まくらのそうし》』において「小さきものはみなうつくし（かわいらしい）」と述べたように、日本文化は「かわいいもの」に価値を見出してきたが、その感性が"kawaii"（カワイイ）ファッションへの世界的な注目を生み出していくことになる。

ゴシックとロリータ

一九七〇年代から八〇年代にかけて、少女的な可愛らしさで人気となったブランドといえば、「ミルク」や「ピンクハウス」などがある。白やピンクや赤といった色味、リボンやフリルなどの装飾、ワンピースやフレアスカートなどのアイテムを多用した。そして一九八〇年代から九〇年代にかけて少女らしさを過剰に表現したスタイルが登場し、「ロリータファッション」と呼ばれるようになる。ロリータとは、ウラジーミル・ナボコフの小説に登場する少女の愛称であり、少女趣味を指す言葉として用いられた。特に二〇〇四年、嶽本《たけもと》野《の》ばらの小説『下妻《しもつま》物語』が映画化され、深田《ふかだ》恭子《きょうこ》演じる主人公のロリータファッションを通して広く知られるようになった。フリルやレースをふんだんにあしらい、パニエでスカートを広げたスタイルが注目された（図64）。

一方で、「ゴシックファッション」の人気も広がりを見せる。ゴシックファッションは一九七〇年代のゴシックロックの音楽グループによるファッションをルーツとする。一九八〇年代から九〇年代の日本において、黒を基調としたファッションに長髪で化粧を施す

図64　ロリータファッション（2013〈平成25〉年．style-arena.jp／共同通信イメージズ）

「ヴィジュアル系バンド」のブームが起き、退廃的かつ耽美《たんび》的なムードのスタイルが人気となった。ロリータファッションもゴシックファッションもその源流は異なりながら、正統に対する異端への志向、過剰に盛り込まれた装飾、独特な世界観がコアなファンをひきつけ、「ゴスロリ」と呼ばれるブームを生み出し、さまざまなスタイルを派生させた。

お姉系と森ガール

また一九九〇年代には派手なギャル系に傾いた若い女性たちのファッションも、「かわいい」をキーワードに保守化が進んでいく。従来の金髪が茶髪や黒髪の巻毛となり、黒や白、ピンクの色味を主体とするワンピースやタイトスカート、細身のズボンにミュールやブーツを合わせ、品よくまとめるスタイルが流行した。コンサバティブなファッションを得意とする「神戸系」、「お嬢様」のような縦ロールのヘアスタイルが特徴の「名古屋巻き」などが融合し、「お姉系」ファッションとして全国的に人気となった。ファッションとしてはベーシックで可愛らしいものを好みつつ、ブランドバッグを添えることで高級感を演出した。

このように作り込まれた都会的な「可愛らしさ」とは逆に、二〇〇〇年代の後半には自然体のファッションが注目され、「森にいるような女の子」という意味で「森ガール」と呼ばれて話題となった。ゆったりとしたシルエット、コットンなどの自然素材、生成《きな》りや花柄のワンピースにぺたんこの靴を合わせ、ゆとりのある暮らしを好んだ。

しかし「お姉系」ファッションが女子大生やＯＬ向けの人気ファッション雑誌『ＪＪ』や『CanCam（キャンキャン）』を通して広まっていったのに対し、「森ガール」はインターネットを通じて話題となったことを見逃してはならない。一九九〇年代からインターネットは徐々に普及を始め、二〇〇〇年代に入るとＳＮＳ（ソーシャル・ネットワーキング・サービス）によるコミュニティが形成されるようになる。「森ガール」は日本発のＳＮＳである「mixi（ミクシィ）」で話題となったスタイルであった。ネット上で展開される新しいコミュニケーションから流行のファッションが生まれるようになったのである。

ブログとインフルエンサー

インターネットの普及とともに、「ウェブ（Web）にログ（Log）」してコメントを行う「ブログ（Blog）」が人気となった。時事的なニュースの投稿や個人的な日記の公開など内容はさまざまであったが、そのなかでも話題をファッションに特化したブログが注目されはじめた。お気に入りのファッションや今日のコーディネートを一、二枚の写真とともに投稿する人々が「ファッションブロガー」と呼ばれるようになり、二〇〇〇年代にはまだ紙の雑誌と共存する読み物の形で、急速に読者を増やしていった。

従来はファッションモデルや著名人、また雑誌の読者がモデルとなる「読者モデル」が流行のファッションを宣伝する広告塔となったが、インターネットの普及によってブロガーの発言や振る舞いの影響力が高まり、「インフルエンサー」と呼ばれるようになった。ファッションブランドやアパレル企業が、ファッションショーにインフルエンサーを招待しはじめ、インフルエンサーを利用した商品の宣伝をさかんに行うようになる。インフルエンサーがセレブリティとしての待遇を受けるようになるのだ。

インターネットによって世界がつながり、コミュニケーションの在り方が変化するなか、海外のファッションブランドが日本へ続々進出するようになった。それも従来のようなパリの高級ブランドではなく、「ファストファッション」と呼ばれる新しい分野のファッションが注目されはじめた。カジュアルな低価格の衣料品といえば、アメリカの「GAP（ギャップ）」や日本のユニクロが知られていたが、二〇〇〇年代後半から、スウェーデンの「H&M（エイチ&エム）」、スペインの「ZARA（ザラ）」、アメリカの「FOREVER 21（フォーエバー21）」などのファストファッションブランドが注目されるようになった。

ファストファッションとラグジュアリーブランド

ファストファッションとはファストフードになぞらえた言葉であり、流行を低価格で提供するアパレル企業のことを指す。卸売業者を介さず、自社で生産から販売までを一元管理し、多品種少量生産で流行のサイクルを加速させる。「安いのにおしゃれ」なファッションをそれなりの質で作り出し、一般大衆に絶大な支持を得ることになった。銀座といえば老舗デパートや高級ブランドが立ち並ぶ街であったが、二〇〇八年にH&Mが銀座中央通り沿いに旗艦《きかん》店をオープンし、ファストファッションブームに火をつけた（図65）。

欧米のファストファッションの人気によって、国内ブランドであるユニクロのファッションも目覚ましく普及し、二〇〇〇年代末には「ユニクロを着ていることが人にバレてし

図65　ファストファッションブランドのH&Mが銀座に日本1号店をオープン（2008〈平成20〉年9月．共同通信社）

まう」という意味で「ユニバレ」という言葉が話題となった。だが一方で、ユニクロの人気が、ベーシックなファッションにおけるテクノロジーの応用に支えられていることも見過ごせない。二〇〇〇年代には防寒用の機能性インナーである「ヒートテック」を東レとともに共同開発し、驚異的なヒット商品となり、ユニクロは誰もに知られた国民的ブランドへと成長した。

一方、安くておしゃれなファストファッションの大流行を受けて、逆に高級ブランドの人気も高まりを見せた。ファッションは安い価格の「プチプラ」（プチプライスの略）でも、手持ちのバッグやジュエリーに高級ブランド品を合わせて差別化をはかるスタイリングが行われるようになる。従来の高級ブランドは、新進の大衆ブランドとの差別化を狙い、ブランドの歴史の紹介や高級感の演出をさかんに行うようになり、のちには「ラグジュアリーブランド」という呼称が定着していく。

新世代の活躍

ファストファッションが一世を風靡するなかで、日本の若手デザイナーたちは新たな活動を始めていた。二〇〇〇年代に新たにパリでファッションショーを開催した「TSUMORI CHISATO（ツモリチサト）」、コムデギャルソン出身でのちに自らの名前で発表を始めた渡辺《わたなべ》淳弥《じゅんや》や栗原たお、異素材の大胆な組み合わせを得意とする「sacai（サカイ）」、オリジナルのテキスタイルデザインからライフスタイルを提案する「minä perhonen（ミナ ペルホネン）」、伸縮性に富む無縫製ニットのデザイン「スキンシリーズ」で注目される「SOMARTA（ソマルタ）」、衣服が孕む物語性や寓意性を通して表現活動を行う「writtenafterwards（リトゥンアフターワーズ）」など、新世代のデザイナーやブランドが活躍した。

グローバル化とデジタル化──二〇一〇年代以降

災害とメディア

二〇一一年に東北地方太平洋沖地震が発生し、続けて原子力発電所の事故が起きた。未曽有の災害に対して、消費社会や物質文化に対する反省が加速し、持続可能な社会への模索が始まった。また二〇一〇年代末に始まった新型コロナウイルス感染症の世界的な感染拡大により、人々の行動様式や価値観に変化がもたらされた。デジタルメディアの趨勢《すうせい》は決定的となり、コミュニケーションのありようは大きく変容した。

話題性による流行

二〇一〇年代初頭の銀座には、「ザラ」「ユニクロ」「エイチ＆エム」「Abercrombie & Fitch（アバクロンビー＆フィッチ）」「フォーエバー21」「ギャップ」と世界のファストファッションブランドが並んだ。ユニクロとは別に、より流行を意識した若者向けのブランド「GU（ジーユー）」も銀座に出店した。ユニクロの普及につれて、ユニクロのデザインを装飾してオリジナルのアイテムを作り出す「デコクロ」も話題となった。またユニクロは有名デザイナーやブランドとのコラボレーションに力を入れ、大衆的でベーシックなアイテムに高級感や話題性を与えることに成功した。

二〇一二年には、銀座に新たな商業ビルが誕生し、東館にはユニクロ旗艦店、西館には前衛ブランドのコムデギャルソンによるコンセプトショップ「ドーバーストリートマーケット ギンザ　コムデギャルソン」が入り、渡り廊下で繋がった。前衛的なハイファッションと大衆的なカジュアルブランドの垣根が取り払われ、両者のコラボレーションによって新しい流行が生み出される時代を象徴する出来事となった。この新しい潮流に、従来のアパレル企業や百貨店は苦戦を強いられ、廃業や閉店が相次いだ。

所有から共有へ

ファストファッションブランドが国境や世代を問わず浸透していく一方で、東日本大震災は甚大な被害をもたらし、ファッションを取り巻く習慣や環境に対する意識を変化させることとなった。目まぐるしく変わる流行を追いかけ、次々と商品を購入しては廃棄する消費のあり方に疑問がなげかけられるようになり、物を「所有」することよりも「共有」することに、出来事を「体験」することに価値が置かれるようになった。

さらに二〇一三年にバングラデシュのダッカ近郊で発生したビルの崩壊事故によって、その方向性は決定的となった。この八階建ての商業ビルには、ファストファッション企業などの下請け業者である縫製工場が入っていたが、建物の亀裂を放置した結果、ビルが崩壊し、死者一一〇〇名以上を出す悲惨な事故となった。検証の結果、違法な建築や労働実態が明らかとなり、その背後で搾取を助長していたファストファッション企業にも批判のまなざしが向けられた。

綿花栽培における農薬散布や工場の産業廃棄物による環境汚染、長時間かつ低賃金の縫製労働、衣料品廃棄による環境破壊、リサイクルによる伝統社会の慣習変化など、ファストファッションのもたらす環境問題、社会問題が浮き彫りにされ、ファッションの生産と消費のあり方を通じて持続可能な社会を模索する試みが始まった。それが、サステナビリティの追求である。

サステナブルな取り組み

「People Tree（ピープル・ツリー）」は、イギリス生まれのサフィア・ミニーが一九九〇年代半ばに日本で立ち上げたブランドであり、環境保護と途上国支援を目的として、フェアトレードの商品を生産・販売している。環境に配慮した素材を用い、生産者の技術支援や適正価格での取引を行い、サステナビリティに先駆的に取り組むブランドとして注目された。また、日本国内の伝統や資源に注目する若手デザイナーやブランドが登場する。

たとえば「matohu（まとふ）」は、日本の伝統文化に着想を得て、着物の「長着《ながぎ》」を現代的なデザインに作り変えた。また播州織《ばんしゅうおり》の産地である兵庫県西脇《にしわき》市を拠点とする「hatsutoki（ハットキ）」は、地域社会でものづくりを行うことによって、地場産業の活性化と伝統技術の継承に貢献している。ファッションを作る人、着る人が、衣服をとりまく暮らしや振る舞いのあり方を考え直し、実践し、新たな潮流を作り出した。

政府においては環境省主導のもとに、夏場の冷房電力節減のために上着やネクタイを着用しない「クールビズ」が二〇〇〇代半ばから推奨されていたが、二〇一一年には「スーパークールビズ」が新たに打ち出され、より多くのカジュアルウエアの着用が可能となった。また流行に左右されない「究極の普通」という意味で、「ノーマル」と「ハードコア」という言葉を組み合わせた「ノームコア」と呼ばれるファッションがもてはやされた。シンプルな無地のシャツとベーシックなボトムスにスニーカーを組み合わせ、男女ともにユニセックスなスタイルとして取り入れられた。

そしてファストファッションのブームに伴い人気を集めるようになったのが古着である。古いものにオリジナルの価値を見出すヴィンテージファッションが、個性を引き出す一点物のファッションとして若者に支持されるようになった。

ＳＮＳの台頭

一方で二〇一〇年代には、ＳＮＳが目覚ましく普及し、ファッション界においてもデジタル化の影響が顕著となった。二〇一一年には無料通話アプリの「LINE（ライン）」がサービスを開始、二〇一四年には写真動画共有アプリの「Instagram（インスタグラム）」の日本語版が開設された。特にインスタグラムがファッション業界に与えたインパクトは大きく、「インスタ映え」、すなわち見栄えのよい投稿により、多くのフォロワーの注目を浴びるインフルエンサーたちは「インスタグラマー」と呼ばれるようになった。従来のファッションショーは会場で限られた観客を対象としたものであったが、インスタグラムや「YouTube（ユーチューブ）」での公開配信が始まり、大勢の人々に向けてのプロモーションが行われるようになった。

またインターネットの普及とともに、実店舗での対面販売ではなく、ＥＣサイト（エレクトロニックコマース）と呼ばれるオンライン上での商品の売買が著しく発達した。二〇〇〇年代半ばに設立された「ZOZOTOWN（ゾゾタウン）」は、さまざまなファッションブランドを集めたサイトとして注目を浴び、徐々に参入するブランドが増えていった。またゾゾが運営する「WEAR（ウェア）」と呼ばれるファッションコーディネートアプリが誕生し、若者に絶大な支持を得た。おしゃれなコーディネートを投稿・共有するとともに、コーディネート画像から商品の検索をしてアイテムを購入することもでき、リアルタイムのトレンド情報を更新するアプリとしても注目された。

デジタルファッション　デジタルメディアの発展により、ファッション情報を伝える主力のメディアであった雑誌の衰退が明白となった。休刊・廃刊するファッション誌は年々と増加し、紙媒体に加えデジタル版を配信する雑誌も登場した。しかし「今」の流行を重視するファッションにおいて、SNSの即時性以上に有効なメディアはない。ここで大手出版社の雑誌に代わり、個人や有志によって特定のテーマを掘り下げる出版物「ZINE（ジン）」が注目を集めるようになる。さらに、デジタルメディアの浸透を加速させたのは、二〇一九（令和元）年末に起こった新型コロナウイルス感染症の世界的な感染拡大である。

人との接触による社会的活動が制限を受けた結果、オンラインを活用した教育やビジネスが飛躍的に発展した。ファッション業界では、従来の店舗における対面販売、ファッションショーの実施、ファッション記事の作成などが困難となり、ECサイトへの移行、SNSによるプロモーションビデオの配信に切り替わった。またコロナ禍において、ゲームやSNSなどのバーチャルな空間でアバターが着用するファッションが話題となり、デジタルファッションのデザインが注目を浴びた。さらにデジタルデータとして制作されたファッションにオリジナルアイテムとしての価値を持たせる「ＮＦＴファッション」が登場し、日本のファッションブランドも参入を始めた。デジタルネイティブ世代の成長に伴い、この傾向は不可逆的なものとなった。

テクノロジーの開発

デジタル化による技術革新は、ファッションデザインの方向性にも新たな傾向を生み出した。それは衣服の素材に対する関心の高まりであり、テクノロジーの開発が新たなファッションデザインの可能性を切り開いている。ユニクロは東レとともに、夏場に涼しい素材である「AIRism（エアリズム）」を開発し、汗を吸い取ってすぐに乾き、素材に触れると冷たく感じる機能性インナーとして広く受け入れられた。また繊細な刺繍や複雑なカッティングを特徴とするデザインで人気の「Mame Kurogouchi（マメクロゴウチ）」とのコラボレーションによって、デザイン性とブランド性の向上を果たした。

新たなデザイン

「ANREALAGE（アンリアレイジ）」は二〇〇三年より実験的なデザインを積み重ね、紫外線で色が変わる「フォトクロミック」の技術を応用したデザインを発表した。ユニセックスのウェアをデザインする「HATRA（ハトラ）」は、３Ｄ造形の技術を応用したファッションデザインの教育普及にも努めている（図66）。「Synflux（シンフラックス）」は、裁断時の素材廃棄を軽減するための新たな生産システムの開発を行っている。一方、パリのオートクチュールで作品を発表する「YUIMA NAKAZATO（ユイマナカザト）」は、素材にデジタル加工を施すことで生地の形状を自由に変化させる「バイオスモッキング」の技術を用い、糸も針も使わない衣服をデザインした。

二一世紀のこれから

新しいブランドの登場とともに、日本の代表的なファッションブランドでは世代交代が続いている。森英恵（一九二六―二〇二二）は二〇〇四年に引退、「イッセイミヤケ」は、三宅一生（一九三八―二〇二二）が二〇〇七年に引退したのち、歴代デザイナーに引き継がれ、二〇一九年から近藤悟史《こんどうさとし》が率いている。「ケンゾー（KENZO）」は、高田賢三（一九三九―二〇二〇）亡き後、二〇二一年にNIGO®がアーティスティック・ディレクターに就任した。欧米のラグジュアリーブランドのように、日本のファッションブランドが未来へ継承されるかどうかが注目されている。

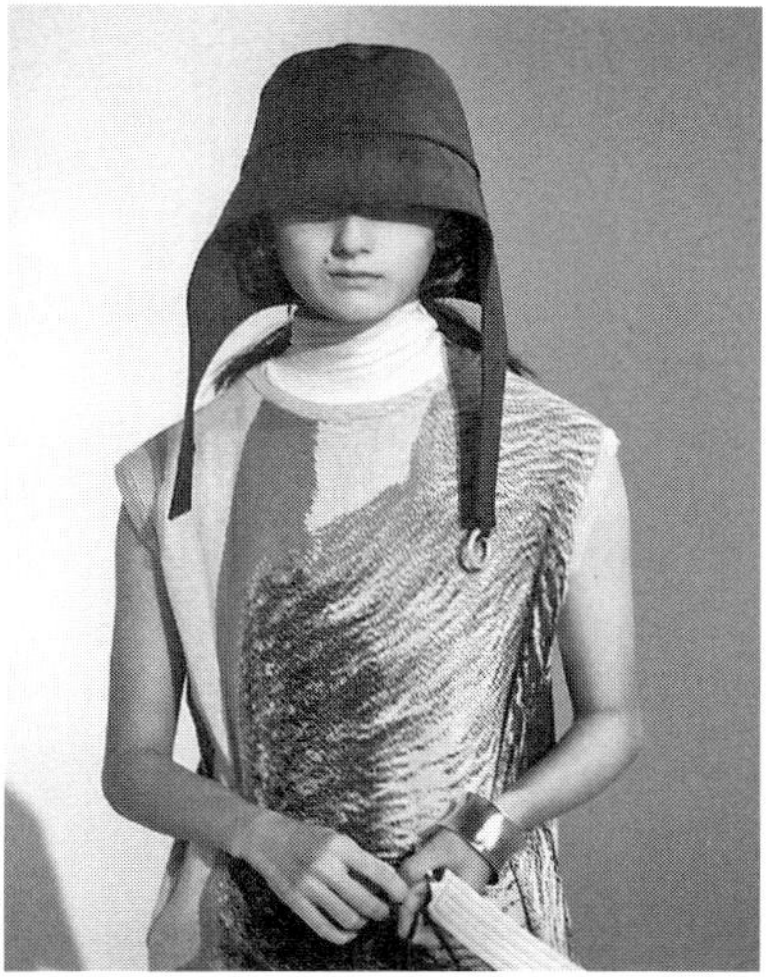

図66　HATRA SS21 ORNITHOPTER（共同制作：Synflux．AI生成による鳥のイメージを編み上げたニット．2021年春夏シーズンより）

また、中国発のＥＣアプリ

「SHEIN（シーイン）」が世界的に事業を拡大し、健康的に露出を楽しむ「Y2K《わいつーけー》ファッション」として二〇〇〇年代のスタイルがリバイバルする一方で、装いの規範に異議を唱えるジェンダーフリーファッションも支持を得ている。デジタル化によって世界が接続されるなかで、日本のファッションがいかに存在感を示していくのか、次世代に期待がかかっている。

ファッションの力——エピローグ

ファッションの由来

私たちは日々ファッションをまとう。たとえ、有名ブランドや前衛デザイナーのことを知らなくても、流行にたいして興味がなかったとしても、私たちの身の回りにはファッションがあふれていて、私たちの生活はファッションと切り離せない。

そのファッションは、元をたどれば西洋の近代に成立したものであった。新しい市民社会を担う男性たちは、身分を超えてスーツに身を包んだ。スーツは封建的な階級制度と貴族的な特権を否定し、自由と平等に基づく民主的な社会の価値観を体現するものであった。一方で、女性たちは華やかなドレスを身にまとい、ステータスを誇示した。都市と産業の発達によって新興階級のためのオートクチュール店が栄え、ファッションの主役は女性となった。伝統を振り返るよりも、今このときを謳歌し、つねに新しいものに価値を見出すファッションが、社会を動かす力となった。

日本へ渡る

幕末の日本人が出会ったのは、このような西洋の衣服であった。市民社会の理念を表すスーツは、厳かな印象を与えただろう。スーツの歴史を知らなくとも、その合理性を理解した幕府は形から真似ようとした。明治政府は、不平等条約の改正と列強諸国への参入を目指して軍服を改良し、外見から西洋化を果たそうとした。そして、さまざまな服制を発して洋服を制服とし、天皇や皇后の外見を洋式に変え、見習うべきモデルを作り上げた。

しかし公の場にいる男性たちは洋服に着替えたが、家庭で過ごすことの多い女性たちは和服のままであった。この時代の西洋の女性服は複雑な作りであったため、上流階級の女性たちでさえ着こなすことは難しかった。西洋のファッションは、外圧をきっかけとする政府の改革により推進され、決して生活の必要による内発的な衝動から生まれたのではなかったからだ。

和洋混交

西洋のファッションが実際に日本の都市や女性の生活へ広く流入するのは、二〇世紀に入ってからであった。大正時代には豊かな消費社会が実現し、生活の改善と合理化が目指されるようになる。男性は外では背広を、家では着物を着ていたが、女性の多くは洋服を着る機会はほとんどなく、まだ着物を着ていた。しかし銘仙を中心に洋風の柄が描かれた着物が人気を博し、制服として洋服を着用した職業婦人、洋装で着飾る都会のモダンガールが登場する。二〇世紀初頭に起こった西洋ファッションの変革が日本へも影響を与えたのだ。

従来の装飾的かつ造形的なドレスから、シンプルで活動的なスタイルへ流行が変化したことで、日本の女性たちも模倣しやすくなった。女性たちは、着やすく、作りやすくなったファッションを、さまざまな形で取り入れた。従来の着物に西洋的趣味を加え、和裁の技術で簡単な衣服を作り、着物を着て洋裁教室に通うという、ハイブリッドな感性を女性たちは育んだ。

和服の解体

ところが、戦争がその道筋に影響を与えた。ファッションは敵国のものとなり、洋服的な要素が排除されることになった。幕末以来、和服の改良は試みられてきたが、戦時下となり衣類の節約と合理化が大きな課題となる。国民の愛国精神を培うために、日本らしさが追求され、戦争生活のための衣服が考案された。男性のための国民服と女性のための婦人標準服が新しい日本服として提案され、襟や前合わせなどに和服の特徴が加えられた。

国民服はやがて普及するものの、婦人標準服は支持されず、女性たちは結局、モンぺや防空服、「白エプロン」を身につけた。流行に合わせてファッションを取り入れる感覚をすでに身につけていた女性たちは、「美観に劣る」衣服を否定し、より動きやすく機能的な衣服を選び取った。このとき、着物の多くは解かれ、布地に戻され、新しい服を作るための材料となった。新しい日本服の挫折が、結果的に戦後の洋服ブームを準備することになった。

洋服の適用

敗戦後は、もはやファッションを取り入れることに理由はいらなかった。パリの流行がアメリカを通してもたらされ、映画やテレビを通じて、人々は新しいファッションに触れた。西洋のファッションを日本人の顔立ちや体型に合わせた装いとするために、戦前から活動していた洋裁家たちがさまざまな工夫をこらした。オートクチュールにならうファッションが百貨店や洋裁家たちの手により日本で販売されるようになり、多くの女性が洋裁学校へ通った。洋服を作るための布地を供給する繊維メーカーが発展し、洋服を着るための下着メーカーが登場し、日本の女性たちが日常的に洋服を着るための社会的な基盤が整った。

それとともに、専門的な既製服デザイナーの需要が高まり、企業の制服や流行の既製服が流通した。手頃な既製服の普及に加え、戦後を生きる世代が新たな価値観のもとに行動しはじめ、世界的にも若者がファッションの中心に躍り出た。さまざまな若者たちがファッションを通じて他者との距離を計り、自己を表現するようになった。

世界と日本

ファッション産業の中心が仕立服から既製服へ移行し、日本のファッションデザイナーたちの活躍の場が広がった。多くのデザイナーが海外へ飛び立ち、日本の伝統的な着物や意匠にアイデアを得たデザインを発表した。一九八〇年代には、日本のファッションデザイナーの試みが西洋のファッションを脱構築するものとして評価され、パリのファッション界をリードした。パリの高級ブランドから街中のストリートファッションまで、ファッションが日本の社会に広く浸透した。ファストファッションのグローバル化が進む一方で、地域の資源やサステナブルなものづくりへの関心も高まった。インターネットとSNSの普及によって、ファッションをとりまくコミュニケーションは変容し、デジタルメディアを活用したファッションデザインの可能性が模索されている。

日本のファッション文化

このように、幕末から現代までの約一五〇年の間に、西洋のファッションは日本の人々の衣服にまつわる習慣を大きく変えた。その間には、伝統的な着物と新しい洋服に対するさまざまな感情と葛藤がありながらも、人々はファッションに関する知識と技術を貪欲に吸収していった。現代の日本のファッションデザインは、素材となる布地を重視し、テキスタイルの開発に長け、布地の特性を活かした造形を得意とする。そして私たちも日々のファッションを、自分自身のものとして楽しんでいる。近年では、ファッションとは西洋の専売特許ではなく、それぞれの国や地域に存在し、独自の歴史があるのだ、とする考え方も出てきている。たとえば、江戸時代までの小袖に対しても「ファッション」という言葉を積極的に使う書籍や展覧会が増えた。

もちろん、日本の伝統的な服飾のなかにも、時代や地域特有の好みや傾向は存在しただろう。しかしそれを「ファッション」と名指すことが可能となったのは、日本が西洋のファッションを受容したのちに現代から過去を遡って、ファッションに近しい現象にその言葉を当てているからである。ファッションとそれを取り巻く文化の多様性を考えることは重要であるが、新しさに価値を見出し、衣服のスタイルを更新するファッションという産業／文化が、西洋近代の産物であったことを忘れてはならない。私たちは普段、服を着るのに歴史のことなど気にしないが、現代のファッションをめぐるさまざまな問題は、西洋のファッションの受容に由来するのだ。

現代に及ぶ規範

たとえば、官公庁では夏場の軽装「クールビズ」が推進されている。日本の蒸し暑い夏にスーツは不向きであるから結構な話であるが、なぜ環境省が旗振りをする必要があるのだろうか。これは洋服の着用が、個人の意志や自由に基づくのではなく、官僚の制服として始まったことの延長線上の出来事である。明治時代の洋服は大衆が勝ち取った衣服ではなく、お上《かみ》の号令によって着替えるものだった。

また近年、就職活動や職場において女性のハイヒール着用を強制することの是非がしばしば問われている。日本には、ドレス（現代では女性用スーツ）とヒールという西洋の正装がセットで移入され、ファッションの「形式」が先行するために、合理的理由を見つけて変更することが難しい。ヒールをはく当人には（欧米のように少なくとも）通勤時にスーツにスニーカーを合わせて負担を軽減するという発想が生まれにくいし、ヒールをはかない人たちも、社会の実態に合わせて装いの規範を変えていくことに消極的である。

そして男性のファッションやメイクは、最先端のおしゃれか、常識を外れた行いとみなされがちである。それは西洋の近代において、流行の衣服が女性のものとして発展し、このファッションを日本は受容したからである。西洋のファッションの歴史のなかで、近代はもっとも性差が開いた時代であった。しかし、西洋の近代以前の貴族社会においては、女性以上に男性が華やかに着飾り、フリルもレースも刺繍も宝石も楽しんできたことは、もっと広く知られるべきである。性別に固有の服装があるのではなく、服装に意味を与えるのは社会の方なのだ。

さらに、私たちは儀礼の場面における男性のスーツと女性の着物の組み合わせに、あまり違和感を覚えない。しかし、世界の民族衣装を見渡してみれば、女性が民族衣装を着用する場面では男性も同じように民族衣装を着用することが多い。ところが日本の場合には、(女性用の着物と比べて)男性用の着物はスーツに変わる現代的な服装としてアップデートされてきていない。明治時代から男性は、公的な衣服としてスーツを着続けてきたからである。そろそろスーツの呪縛から解き放たれてもよいだろう。

ファッションの未来

最後に「ファッションは自己表現である」とは、よく聞かれるし、読者もそう思っているのではないだろうか。ファッションが社会的な階級ではなく、個人のアイデンティティと結びつけられるようになったのは、西洋の市民社会においてである。現代の私たちは、西洋近代に成立したファッションを内面化し、いまだその枠組みのなかで生きている。

ファッションは、日本の人々の外見を変えただけはなく、ものの考え方、体の動かし方、生活の仕方、社会のあり方のすべてを変えた。ファッションの一五〇年史が示しているのは、日本の近代化にファッションが決定的な役割を果たしたという事実であり、その歴史にだれもが関わってきたということである。しかし、ファッションはこれからも変わっていくし、変えてよい。ファッションとは、民主的な社会のための制度であり、活動的な身体のための衣服であり、変化に希望を見出す力なのだから。

あとがき

私はファッションについて研究している。けれども高校時代に一番好きだった教科は世界史であり、教科書で各国の文化交流を知り、各時代の美術作品を見るのが楽しみだった。大学では美術史を勉強し、卒業論文では二〇世紀の欧米における芸術の交流について取り上げた。ファッションを研究しようと思ったのは大学院に入ってからのことであるが、それはファッションの歴史を扱った書物に対する疑問からであった。

「ファッションの歴史」を名乗る本は、なぜ女性服のことばかり語っているのか。世の半数ほどの人々は別の性であるというのに、これは不思議な事態である、と思った。服飾史やファッション史の本は多数あるが、どれも女性服の流行について記すばかりで、男性服のことをほとんど取り上げない。その理由について触れられることもあまりない。ファッションはなぜ、どのようにして女性的なものとみなされるようになったのだろうか。そこで、西洋の近現代におけるファッションと女性の関係について研究することにした。この研究は思った以上に時間がかかってしまったが、『まなざしの装置―ファッションと近代アメリカ―』（青土社）という書物にその成果をまとめた。

日本のファッション史についても疑問に思うことは多かった。日本の服飾史の本は、ほとんどが伝統的な装束の歴史についてのものであり、現代を扱っていないことが多い。また現代のファッション史に関する本は、戦後からの流行を説明するものがほとんどである。日本のファッションは、時代別（明治・大正・昭和……）やジャンル別（着物・ストリートスタイル……）に多数の本が出版されているが、その歴史は細分化され、戦争を挟んで分断されており、全体像はつかみにくい。

日本の人々は、着物の伝統を持ちつつ、洋服を取り入れ、特徴のあるファッションデザインを生み出したが、その変化に富んだ歴史をシームレスに、かつ包括的に捉えた歴史書が読みたいと常々思っていた。だが、自分自身がそのような仕事に携わることになるとは想像していなかった。

当初、吉川弘文館から依頼されたタイトルは、『日本ファッション一〇〇年史』であった。キリが良く見栄えのする数字ではあるが、一〇〇年前といえば大正時代、すでに洋服が存在感を示していた時代である。先に述べた問題意識を持ちつづけていた私は、日本のファッションの歴史的特徴を明らかにするためには、明治時代からの記述が重要であると考えていた。

西洋ファッションの受容からはじまり、着物と洋服の関係、戦時の装いから現代のファッションデザインへ至る道筋を示すために、扱う年数は一・五倍となり、苦労も多かった。しかし、さまざまな先行研究を参照させていただきつつ、とりわけ西洋が日本に与えた影響、西洋との関係における日本のファッションの特質を浮き彫りにすることを心がけた。それゆえ事象の細部については他の専門書に譲ることとして、本書では、「なぜ」日本のファッションが生まれ、「どのように」展開してきたのか、歴史的な動因や枠組みを意識して執筆を行った。

また、本書を通してファッションに興味を持たれた方は、近刊の拙著『東大ファッション論集中講義』（ちくまプリマー新書）も手に取っていただけたら嬉しく思う。同書は西洋と日本のファッションを多角的なテーマから考察しているため、本書で時間軸に沿って記した日本のファッションを別の視点から眺めてみることができると思うからだ。ファッションについてさらなる理解を深めていただければ幸いである。

本書の出版にあたって、さまざまな資料、写真、情報をご提供くださった研究機関および専門家の皆様に心より御礼申し上げます。また、執筆の機会をくださった吉川弘文館編集者の長谷川裕美さんに感謝いたします。『「歴史総合」をつむぐ―新しい歴史実践へのいざない―』（東京大学出版会）や『新修神戸市史　生活文化編』（神戸市）に収められた論考など、私の属する業界では比較的目立ちにくい仕事に注目してくださいました。そして、大量の資料であふれた部屋に文句も言わず、原稿のチェックを手伝ってくれた家族にも、感謝の気持ちを伝えたいと思います。

二〇二四年　東京にて

平　芳　裕　子

＊本書はＪＳＰＳ科研費（JP23K17266）の助成による「ファッションスタディーズの樹立に向けた日本的課題解決のための挑戦的研究」の成果の一部である。

参考文献

ファッションから読む日本―プロローグ

ノルベルト・エリアス（一九七七・七八）『文明化の過程（上・下）』赤井慧爾ほか訳、法政大学出版局
平芳裕子（二〇〇四）「ファッション―まなざしの装置―」『服飾美学』三九
平芳裕子（二〇〇六）「着飾りたい人間―ファッションをめぐる欲望とは―」『人間像の発明』神戸大学ヒューマン・コミュニティ創成研究センター編、ドメス出版

現代ファッションの源流をたどる

彬子女王（二〇一九）「女性皇族の衣装の変移について―明治の洋装化がもたらしたもの―」『京都産業大学日本文化研究所紀要』二四
アンベール（一九六九）『幕末日本図絵（上）』高橋邦太郎訳、雄松堂書店
飯田未希（二〇一六）「婦人束髪会の初期の議論について―髪結との関連から―」『政策科学』二三―三
池田孝江（一九七九）「洋装化に果たした鹿鳴館の役割」『服装文化』一六四
茨城県立歴史館編（二〇二二）『特別展　華麗なる明治―宮廷文化のエッセンス―』
植木淑子（一九九四）「明治初期における文官大礼服」『日本服飾学会誌』一三
植木淑子（一九九六）「明治、大正、昭和戦前期における宮廷服―女子の洋服について―」『日本服飾学

会誌』一五
植木淑子（二〇一三）「昭憲皇太后と洋装」『明治聖徳記念学会紀要』五〇
S・A・ヘイスティングス（一九九九）「皇后の新しい衣服と日本女性　一八六八―一九一二」時実早苗訳、『日米女性ジャーナル』二六
遠藤武・石山彰（一九八〇）『写真にみる日本洋装史』文化出版局
太田臨一郎（一九七九）「明治初期の軍人・官員の制服」『服装文化』一六四
オットマール・フォン・モール（一九八八）『ドイツ貴族の明治宮廷記』金森誠也訳、講談社学術文庫、二〇一一年
刑部芳則（二〇〇七）「鹿鳴館時代の女子華族と洋装化」『風俗史学』三七
刑部芳則（二〇一〇）『洋服・散髪・脱刀―服制の明治維新―』講談社選書メチエ
刑部芳則（二〇一二）『明治国家の服制と華族』吉川弘文館
刑部芳則（二〇一六）『帝国日本の大礼服―国家権威の表象―』法政大学出版局
刑部芳則（二〇一八）「明治の皇室と服制」『明治聖徳記念学会紀要』五五
刑部芳則（二〇一九）「日中戦争と太平洋戦争における高等女学校の制服―セーラー服と文部省標準服―」『総合文化研究』二四―一・二・三合併号
刑部芳則（二〇二一）『セーラー服の誕生―女子校制服の近代史―』法政大学出版局
刑部芳則（二〇二二）『洋装の日本史』集英社インターナショナル新書
尾崎三良（一九七七）『尾崎三良自叙略伝』中巻

掛水通子（一九八一）「明治期における女子体育教員養成機関に関する歴史的研究—東京女子体操音楽学校、日本体育会体操学校女子部、女子高等師範学校国語体操専修科の比較研究—」『東京女子体育大学紀要』一六
河鰭実英（一九五九）「明治以降の礼服」『被服文化』五七
宮内庁臨時帝室編修局編（一九六九）『明治天皇紀　第三』吉川弘文館、二〇〇〇年
神戸市立博物館編（二〇一七）『神戸開港一五〇年記念特別展　開国への潮流—開港前夜の兵庫と神戸—』
国立歴史民俗博物館監修・「性差の日本史」展示プロジェクト編（二〇二一）『新書版　性差の日本史』集英社インターナショナル新書
近藤富枝（一九八〇）『鹿鳴館貴婦人考』講談社
斎藤祥子（一九八四）「学校の体操教育が女子日常服に与えた影響—明治時代（一八六八年—一九一二年）—」『北海道教育大学紀要・第二部　C　家庭・養護・体育編』三五—一
坂本一登（一九九一）『伊藤博文と明治国家形成—「宮中」の制度化と立憲制の導入—』講談社学術文庫、二〇一二年
篠田鉱造（一九〇五）『増補幕末百話』岩波文庫、一九九六年
昭和女子大学被服学研究室編（一九七一）『近代日本服装史』近代文化研究所
神野由紀（一九九四）『趣味の誕生—百貨店が作ったテイスト—』勁草書房
神野由紀（二〇一五）『百貨店で〈趣味〉を買う—大衆消費文化の近代—』吉川弘文館

武田佐知子・津田大輔（二〇一六）『礼服―天皇即位儀礼や元旦の儀の花の装い―』大阪大学出版会
トク・ベルツ編①（一九七九）『ベルツの日記（上）』菅沼竜太郎訳、岩波文庫
トク・ベルツ編②（一九七九）『ベルツの日記（下）』菅沼竜太郎訳、岩波文庫
中山千代（一九八七）『日本婦人洋装史　新装版』吉川弘文館、二〇一〇年
難波知子（二〇一二）『学校制服の文化史―日本近代における女子生徒服装の変遷―』創元社
服部誠一（一八八六）『二十三年国会未来記　再版』仙鶴堂
平芳裕子（二〇二〇）「神戸の衣生活とファッション文化の発展」『新修神戸市史　生活文化編』新修神戸市史編集委員会編、神戸市
平芳裕子（二〇二二）「ファッションの歴史」『「歴史総合」をつむぐ―新しい歴史実践へのいざない―』歴史学研究会編、東京大学出版会
増田美子編（二〇一〇）『日本衣服史』吉川弘文館
梠居宏枝（二〇一五）「昭憲皇后の大礼服発注をめぐる対独外交」『人間文化創成科学論叢』一八
梠居宏枝（二〇二四）「昭憲皇太后の最初の国産洋装大礼服―オットマン・フォン・モールを中心に―」『日本研究』六八
水谷由美子（二〇〇二）「宣教師が見た日本における南蛮服飾の受容について―一六世紀後半から一七世紀初頭を中心に―」『国際服飾学会誌』二一
宮野力哉（二〇〇二）『絵とき百貨店「文化誌」』日本経済新聞社
村野徳三郎編（一八八五）『洋式婦人束髪法』

森田登代子（二〇一五）「明治天皇の洋装化―宮内庁書陵部所蔵『御用度録』を参考に―」『日本家政学会誌』六六―七
山川三千子（一九六〇）『女官―明治宮中出仕の記―』講談社学術文庫、二〇一六年
山田直三郎編（一九一五）『光琳遺品展覧会陳列品図録―光琳画聖二百年忌記念―』芸艸堂
山村博美（二〇一六）『化粧の日本史―美意識の移りかわり―』歴史文化ライブラリー、吉川弘文館
吉原康和（二〇二二）『歴史を拓いた明治のドレス』ジー・ビー
若桑みどり（二〇〇一）『皇后の肖像―昭憲皇太后の表象と女性の国民化―』筑摩書房

西洋のファッション文化が流入する

青木淳子（二〇一六）「都市空間におけるモダンガール―ファッションを視点として―」『語学教育研究論叢』三三
青木淳子（二〇一八）「プロレタリア文学にみる新しい女性像―ファッションを視点として―」『語学教育研究論叢』三五
安城寿子（二〇二一）「大正末から昭和戦前期の日本におけるパリ・モードの受容―創造的な職業としてのファッションデザイナーというものが知られはじめた頃―」『ユリイカ』五三―八
安蔵裕子（二〇一二）「昭和初期の新聞・雑誌記事にみる「銘仙」について」『学苑』八六三
礒野さとみ・内田青蔵（一九九七）「文部省外郭団体「生活改善同盟会」の設立経緯と設立活動の中心人物―大正期・昭和初期に行われた住宅改良運動の史的研究―」『生活学論叢』二

井上寿一（二〇一一）『戦前昭和の社会　一九二六―一九四五』講談社現代新書
今田謹吾編（一九四二）『すまひといふく』生活社
愛媛県歴史文化博物館編（二〇〇六）『ときめくファッション―小町娘からモダンガールまで―』
刑部芳則（二〇二二）『洋装の日本史』集英社インターナショナル新書
柿木央久（一九九六）『ばかたれ、しっかりせ―くいだおれ会長・山田六郎伝―』講談社
片岡さたよ（一九二六）『簡単服の裁縫』松花裁縫研究会
河崎なつ（一九三一）『明日に生きる女性』交蘭社
小泉和子編（二〇〇六）『昭和のキモノ』河出書房新社
郡山市立美術館編（二〇〇四）『大正の輝き　モガ時代の装い―オートクチュール＆きもの―』
今和次郎（一九六七）『ジャンパーを着て四十年』ちくま文庫、二〇二二年
今和次郎（一九七一）『考現学』（今和次郎集第一巻）ドメス出版
佐藤春夫（一九三四）『閑談半日』白水社
昭和館学芸部編（二〇二三）『昭和館特別企画展　時代をまとう女性たち』昭和館
生活改善同盟会編（一九二四）『生活改善の栞』
高橋晴子（二〇〇五）『近代日本の身装文化―「身体と装い」の文化変容―』三元社
高橋晴子（二〇〇七）『年表　近代日本の身装文化』三元社
高橋康雄（一九九九）『断髪する女たち―モダンガールの風景―』教育出版
田中千代学園（一九八二）『五〇周年・田中千代学園』

谷内正往（二〇一四）『戦前大阪の鉄道とデパート―都市交通による沿線培養の研究―』東方出版
谷内正往・加藤諭著（二〇一八）『日本の百貨店史―地方、女子店員、高齢化―』日本経済評論社
東京婦人生活研究会編（一九四四）『切の工夫』築地書店
豊田かおり（二〇一四）「モダニズム文学にみるモダンガール」『文化学園大学紀要　人文・社会科学研究』二二
長崎巌監修（二〇一五）『きものモダニズム―須坂クラシック美術館　銘仙コレクション―』須坂市文化振興事業団
中村圭子・弥生美術館編（二〇〇五）『昭和モダンキモノ　抒情画に学ぶ着こなし術　新装版』河出書房新社、二〇一一年
新田太郎・田中裕二・小山周子（二〇〇三）『図説　東京流行生活』河出書房新社
日本経済研究会編（一九四〇）『七・七禁止令の解説―奢侈品等製造販売禁止令はどう行はれるか―』伊藤書店
能澤慧子監修（二〇一六）『こどもとファッション―小さい人たちへの眼差し―』島根県立石見美術館
秦利舞子（一九〇九）『みしん裁縫ひとりまなび』シンガーミシン裁縫女学院実業部
平芳裕子（二〇〇三）「名称としての「シャネル・スーツ」―アメリカにおけるシャネル受容―」『服飾美学』三六
平芳裕子（二〇二一）「シャネルスーツはなぜ女性解放のシンボルとなったのか」『ユリイカ』五三―八
藤井健三監修（二〇〇四）『別冊太陽　銘仙　大正昭和のおしゃれ着物』平凡社

藤田恵子（二〇〇〇）「女子上半身原型製図法の変遷―原型出現から昭和二〇（一九四五）年まで―」『日本家政学会誌』五一―五
夫馬佳代子編（二〇〇七）『衣服改良運動と服装改善運動』家政教育社
満薗勇（二〇一八）「日本における「生活改善」の思想的射程―一九二〇年代～一九三〇年代―」『社会経済史学』八三―四
和田邦坊（一九三六）『邦坊漫文』新陽社

「日本的なるもの」を追求する

飯田未希（二〇二〇）『非国民な女たち―戦時下のパーマとモンペ―』中央公論新社
飯田未希（二〇二〇）「戦時期の洋裁学校卒業生たち―『D・M・J会誌』の分析―」『政策科学』二七―三
井内智子（二〇一〇）「昭和初期における被服協会の活動―カーキ色被服普及の試みと挫折―」『社会経済史学』七六―一
井澤眞太郎（一九四四）『新服装記』有光社
市万田礼子編（一九四六）『ファッションモード』創刊号、ファッションモード社
出海偉佐男編（一九四四）『決戦下の衣生活　婦人画報版』東京社
乾淑子（二〇二三）『着物になった〈戦争〉―時代が求めた戦争柄―』歴史文化ライブラリー、吉川弘文館

井上雅人（二〇〇一）『洋服と日本人―国民服というモード―』廣済堂出版
井上雅人（二〇一七）『洋裁文化と日本のファッション』青弓社
今井美樹（二〇一一）「一八八二（明治一五）年創立の赤堀割烹教場における調理教育と女性の活躍」『学苑』八四五
岩本許子（一九四四）『被服要義　婦人標準服篇』宝文館
枝木妙子（二〇一九）「非常服としてのモンペの〈流行〉―第二次世界大戦期の新聞や婦人雑誌の記事に着目して―」『アート・リサーチ』一九
科学主義工業社編（一九四二）『科学技術年報　昭和十七年版』
柏木博（一九九八）『ファッションの20世紀―都市・消費・性―』日本放送出版協会
小泉和子（二〇〇四）『洋裁の時代―日本人の衣服革命―』ＯＭ出版
厚生省生活局編（一九四二）『婦人標準服の決定に就て』
今和次郎（一九六七）『ジャンパーを着て四十年』ちくま文庫、筑摩書房、二〇二一年
斎藤佳三（一九三九）『国民服の考案』秋豊園出版部
佐藤春夫（一九三四）『閑談半日』白水社
昭和館学芸部編（二〇二三）『昭和館特別企画展　時代をまとう女性たち』昭和館
大政翼賛会大阪府支部編（一九四三）『決戦下の衣生活』
大政翼賛会文化部編（一九四二）『新生活と服飾』翼賛図書刊行会
大日本国防婦人会総本部編（一九四三）『大日本国防婦人会十年史』

田中千代（一九四〇）『創作スタイルブック３』実業之日本社
田中千代（一九四一）「戦時下の衣服」『新体制国民講座　第五輯　婦人篇』朝日新聞社
田中千代（一九四三）『創意と衣服』訂正再版、船場書店、一九四八年
田中陽子（二〇〇九）「十五年戦争下の衣服論議について―雑誌『被服』を中心として―」『日本家庭科教育学会誌』五二―三
田中陽子（二〇〇九）「一九三七年から一九四五年までの戦時下における被服統制と供給事情」『日本家庭科教育学会誌』五二―三
千村典生（一九八九）『増補　戦後ファッションストーリー―1945-2000―』平凡社、二〇〇一年
中込省三（一九九五）「簡単服の系譜」『和洋女子大学紀要・家政系編』三五
中原淳一（一九四二）『きものノ絵本』ヒマワリ出版部
生井知子（二〇〇五）「戦前生まれの女性の暮らし」『総合文化研究所紀要』二二
奈良県立図書情報館編（二〇一二）『愛国と国防の相克―国防婦人会奈良本部と『大和婦人』―』
日本衣服研究所編（一九四三）『衣服の研究と調査』目黒書店
日本近代史研究会編（一九五二）『画報近代百年史　第一二集』国際文化情報社
日本経済研究会編（一九四〇）『七・七禁止令の解説―奢侈品等製造販売禁止令はどう行はれるか―』伊藤書店
林泉（一九三九）『兵車行』第一出版社
被服協会編（一九四〇）『国民服（男子用）の手引き』

平野恭平（二〇二〇）「戦前・戦時期の日本毛織による羊毛代替繊維の追求—人絹糸・スフから牛乳カゼイン繊維まで—」『技術と文明　日本産業技術史学会会誌』二三—一
平芳裕子（二〇一七）「神戸大学に見る衣服史の諸相—師範学校・教育学部・発達科学部から国際人間科学部へ—」『神戸大学大学院人間発達環境学研究科研究紀要』一〇—二
平芳裕子（二〇二二）「田中薫と民俗衣服—地理学から衣服学へ—」『服飾美学』六八
藤本純子（二〇二一）「大正末から昭和初期の家庭洋裁における子供の簡単服」『同志社女子大学生活科学』五五
堀ひかり「ジェンダーと視覚文化　一九三〇—五〇年代—日本における女性と映像を中心に—」『Rim』四—二
牧田久美（二〇二一）『キモノ図案からプリントデザインへ—GHQの繊維産業復興政策—』思文閣出版
丸山幹治（一九四二）『硯滴・余録』道統社
身﨑とめこ（二〇一二）「戦後女性の着衣・割烹着と白いエプロン—分断される身体・連続する母性—」『着衣する身体と女性の周縁化』武田佐知子編、思文閣出版
村上信彦（一九五六）『服装の歴史　第三巻』理論社
洋装社編集部編（一九四一）『正しき国民服の作り方』洋装社
吉武英莉（二〇一九）「「モダンガール」再考—雑誌『女性』を通して—」『政治学研究　学生論文集』

和田邦坊（一九三六）『邦坊漫文』新陽社

ファッションを日本へ適用する

芦屋市立美術館編（一九九一）『田中千代展―服飾のパイオニア―』
安城寿子（二〇一九）『1964東京五輪ユニフォームの謎―消された歴史と太陽の赤―』光文社新書
石川綾子（一九六八）『日本女子洋装の源流と現代への展開』家政教育社
石川弘義（一九六六）『欲望の戦後史―進行する意識革命―』講談社
伊藤紫朗（一九七五）『アイビー・ライフ―for you ナウな服飾情報一〇四―』講談社
井上雅人（二〇一七）『洋裁文化と日本のファッション』青弓社
うらべまこと（一九六五）『流行うらがえ史―モンペからカラス族まで―』文化服装学院出版局
大菅てる子（二〇〇一）『私と巴里モード40年―ランバンからグレまで―』源流社
木下明浩（二〇一一）『アパレル産業のマーケティング史―ブランド構築と小売機能の包摂―』同文館出版
くろすとしゆき（一九七六）『トラッド覚え書―正統派ファッションガイド―』婦人画報社
桑沢文庫出版委員会編（二〇一〇）『SO+ZO ARCHIVES―資料が語る桑澤洋子のデザイン活動―』桑沢学園発行、アノイア発売
桑澤洋子（一九五七）『ふだん着のデザイナー』平凡社
今和次郎（一九七一）『考現学』（今和次郎集第一巻）ドメス出版

沢良子・桑沢学園監修（二〇一八）『ふつうをつくる―暮らしのデザイナー桑澤洋子の物語―』美術出版社
出版ニュース社編（一九五六）『現代の出版人五十人集』
杉野学園編（一九六六）『杉野学園四十年史』杉野学園出版部
高田賢三（二〇一七）『夢の回想録―高田賢三自伝―』日本経済新聞出版社
高本明日香（二〇一一）「戦前の日本における婦人洋装下着の担い手」『京都マネジメント・レビュー』一九
千村典生（一九八九）『増補　戦後ファッションストーリー―1945-2000―』平凡社、二〇〇一年
富永次郎（一九五四）『世界文化史物語』偕成社
中原淳一・田中千代（一九四七）『ソレイユパタン』ヒマワリ社
中村武志（一九五九）『亭主のためいき』実業之日本社
難波功士（二〇〇四）「戦後ユース・サブカルチャーズについて（一）―太陽族からみゆき族へ―」『関西学院大学社会学部紀要』九六
南目美輝（二〇一一）「日本初の洋服を創る―ADセンター・ファッショングループの試み―」『島根県立石見美術館ニューズレター』三三
新居理絵（二〇〇七）「一九六〇年代の日本製プレタポルテ―日本におけるパリ・ファッション受容に関する一考察―」『ドレスタディ』五二
西山和正（一九六六）『繊維産業の将来』東洋経済新報社

日本織物出版社編（一九五三）『新和服読本』
林邦雄（一九六五）『服飾界の十字路』冬樹社
林邦雄（一九八七）『戦後ファッション盛衰史―そのとき僕は、そこにいた 1945～1987―』源流社
原田茂（一九五一）『文化式洋裁独習書』主婦之友社
平芳裕子（二〇一七）「近代アメリカ女性の服作り―針仕事・パターン・通信教育―」『Fashion Talks…』六
平芳裕子（二〇二四）「アメリカン・フィフティーズ」『ファッションヒストリー 1850-2020』成実弘至監修、ブックエンド
ファッション年鑑編集委員編（一九六二）『ファッション年鑑 1962』アド・センター
深作光貞（一九六八）『新宿考現学』角川書店
婦人画報社編（一九七五）『ファッションと風俗の七〇年』
邑遊作ほか（一九九六）『70s ファッション宝典』英知出版
村上信彦（一九七五）『服装の歴史　第四巻』理論社
森英恵ファッション文化財団編（二〇〇七）『森英恵　手で創る―東京―パリ―島根―』島根県立石見美術館
山口伊津子（一九八二）『ライブファッションファイル―おしゃれファッション事典―』日本経済通信社
やまもと寛斎（一九八三）『寛斎完全燃焼』新潮文庫

日本のファッションが世界と出会う

ACROSS編集室編（二〇二一）『ストリートファッション―1980-2020―定点観測40年の記録―』PARCO出版
五十嵐太郎編（二〇〇九）『ヤンキー文化論序説』河出書房新社
香咲弥須子（一九八一）『原宿・竹の子族』第三書館
唐戸信嘉（二〇二〇）『ゴシックの解剖―暗黒の美学―』青土社
川島蓉子（二〇〇七）『TOKYOファッションビル』日本経済新聞出版社
クリスチャン・ディオールほか（一九五五）『ファッション事典―服飾美のセンスと技術―』生活百科刊行会
日本服飾文化振興財団（二〇二二）『日本現代服飾文化史―ジャパンファッション　クロニクル　インサイトガイド 1945-2021―』講談社エディトリアル
月刊神戸っ子編（一九七七）『神戸ファッション都市論』コミュニティサービス
島根県立石見美術館・国立新美術館編（二〇二一）『ファッション　イン　ジャパン　1945-2020―流行と社会―』青幻舎
竹村真奈編（二〇二〇）『'80ガールズファッションブック』グラフィック社
嶽本野ばら（二〇二四）『ロリータ・ファッション』国書刊行会
成実弘至編（二〇〇九）『コスプレする社会―サブカルチャーの身体文化―』せりか書房
成実成至編（二〇二四）『ファッションヒストリー 1985-2020』ブックエンド

難波功士（二〇〇七）『族の系譜学―ユース・サブカルチャーズの戦後史―』青弓社
平芳裕子（二〇〇〇）「抵抗する衣服、あるいは未熟な身体―コム・デ・ギャルソンのセクシュアリティ―」『身体―皮膚の修辞学―』小林康夫・松浦寿輝編、東京大学出版会
平芳裕子（二〇〇二）「身体の裁縫術―ファッションと性―」『現代芸術論』藤枝晃雄編、武蔵野美術大学出版局
平芳裕子（二〇二二）「メディア」『クリティカルワード　ファッションスタディーズ―私と社会と衣服の関係―』蘆田裕史・藤嶋陽子・宮脇千絵編、フィルムアート社
平芳裕子（二〇二三）「シームレスの美学―ファッションと皮膚感覚―」『現代の皮膚感覚をさぐる―言葉、表象、身体―』平芳幸浩編、春風社
平芳裕子（二〇二四）『東大ファッション論集中講義』ちくまプリマー新書
深井晃子（一九九〇）『男が変わる女が変わる―一九八〇年代ファッション・ノート―』エディションワコール
深井晃子（一九九四）『20世紀モードの軌跡』文化出版局
深井晃子編（二〇〇一）『ファッション・ブランド・ベスト一〇一』新書館
平凡社編（一九五四）『世界文化年鑑　一九五四年版』
横浜美術館監修（二〇〇七）『GOTH―reality of the departed world―』三元社

著者紹介

一九七二年、東京都に生まれる

一九九五年、東京藝術大学美術学部芸術学科卒業

二〇〇三年、東京大学大学院総合文化研究科博士課程単位取得退学

現在、神戸大学大学院人間発達環境学研究科教授

〔主要著書・論文〕

『まなざしの装置―ファッションと近代アメリカ―』（青土社、二〇一八年）

「ファッションの歴史」（歴史学研究会編『「歴史総合」をつむぐ―新しい歴史実践へのいざない―』東京大学出版会、二〇二二年）

『東大ファッション論集中講義』（筑摩書房、二〇二四年）

歴史文化ライブラリー

611

日本ファッションの一五〇年

明治から現代まで

二〇二四年（令和六）十一月一日　第一刷発行

二〇二五年（令和七）五月二十日　第三刷発行

著　者　平《ひら》芳《よし》裕《ひろ》子《こ》

発行者　吉川道郎

発行所　株式会社　吉川弘文館

東京都文京区本郷七丁目二番八号

郵便番号一一三―〇〇三三

電話〇三―三八一三―九一五一〈代表〉

振替口座〇〇一〇〇―五―二四四

https://www.yoshikawa-k.co.jp/

印刷＝株式会社 平文社

製本＝ナショナル製本協同組合

装幀＝清水良洋・宮崎萌美

ISBN978-4-642-30611-9

歴史文化ライブラリー
1996. 10

刊行のことば

現今の日本および国際社会は、さまざまな面で大変動の時代を迎えておりますが、近づきつつある二十一世紀は人類史の到達点として、物質的な繁栄のみならず文化や自然・社会環境を謳歌できる平和な社会でなければなりません。しかしながら高度成長・技術革新にともなう急激な変貌は「自己本位な刹那主義」の風潮を生みだし、先人が築いてきた歴史や文化に学ぶ余裕もなく、いまだ明るい人類の将来が展望できていないようにも見えます。このような状況を踏まえ、よりよい二十一世紀社会を築くために、人類誕生から現在に至る「人類の遺産・教訓」としてのあらゆる分野の歴史と文化を「歴史文化ライブラリー」として刊行することといたしました。

小社は、安政四年（一八五七）の創業以来、一貫して歴史学を中心とした専門出版社として書籍を刊行しつづけてまいりました。その経験を生かし、学問成果にもとづいた本叢書を刊行し社会的要請に応えて行きたいと考えております。

現代は、マスメディアが発達した高度情報化社会といわれますが、私どもはあくまでも活字を主体とした出版こそ、ものの本質を考える基礎と信じ、本叢書をとおして社会に訴えてまいりたいと思います。これから生まれでる一冊一冊が、それぞれの読者を知的冒険の旅へと誘い、希望に満ちた人類の未来を構築する糧となれば幸いです。

吉川弘文館

歴史文化ライブラリー

文化史・誌

- 山寺立石寺 霊場の歴史と信仰 ―― 山口博之
- 神になった武士 平将門から西郷隆盛まで ―― 高野信治
- 跋扈する怨霊 祟りと鎮魂の日本史 ―― 山田雄司
- 将門伝説の歴史 ―― 樋口州男
- 殺生と往生のあいだ 中世仏教と民衆生活 ―― 苅米一志
- 浦島太郎の日本史 ―― 三舟隆之
- おみくじの歴史 神仏のお告げはなぜ詩歌なのか ―― 平野多恵
- 〈ものまね〉の歴史 仏教・笑い・芸能 ―― 石井公成
- スポーツの日本史 遊戯・芸能・武術 ―― 谷釜尋徳
- 戒名のはなし ―― 藤井正雄
- 墓と葬送のゆくえ ―― 森 謙二
- 運 慶 その人と芸術 ―― 副島弘道
- ほとけを造った人びと 止利仏師から運慶・快慶まで ―― 根立研介
- 祇園祭 祝祭の京都 ―― 川嶋將生
- 洛中洛外図屏風 つくられた〈京都〉を読み解く ―― 小島道裕
- 化粧の日本史 美意識の移りかわり ―― 山村博美
- 日本ファッションの一五〇〇年 明治から現代まで ―― 平芳裕子
- 乱舞の中世 白拍子・乱拍子・猿楽 ―― 沖本幸子
- 神社の本殿 建築にみる神の空間 ―― 三浦正幸
- 古建築を復元する 過去と現在の架け橋 ―― 海野 聡
- 生きつづける民家 保存と再生の建築史 ―― 中村琢巳
- 大工道具の文明史 日本・中国・ヨーロッパの建築技術 ―― 渡邉 晶
- 苗字と名前の歴史 ―― 坂田 聡
- 日本人の姓・苗字・名前 人名に刻まれた歴史 ―― 大藤 修
- アイヌ語地名の歴史 ―― 児島恭子
- 日本料理の歴史 ―― 熊倉功夫
- 日本の味 醤油の歴史 ―― 林 玲子・天野雅敏編
- 中世の喫茶文化 儀礼の茶から「茶の湯」へ ―― 橋本素子
- 香道の文化史 ―― 本間洋子
- 話し言葉の日本史 ―― 野村剛史
- ガラスの来た道 古代ユーラシアをつなぐ輝き ―― 小寺智津子
- 鋳物と職人の文化史 小倉鋳物師と琉球の鐘 ―― 松井和幸・新郷英弘
- たたら製鉄の歴史 ―― 角田徳幸
- 名物刀剣 武器・美・権威 ―― 酒井元樹
- 賃金の日本史 仕事と暮らしの一五〇〇年 ―― 高島正憲
- 書物と権力 中世文化の政治学 ―― 前田雅之
- 気候適応の日本史 人新世をのりこえる視点 ―― 中塚 武
- 災害復興の日本史 ―― 安田政彦

歴史文化ライブラリー

土木技術の古代史――青木　敬
大極殿の誕生　古代天皇の象徴に迫る――重見　泰
国分寺の誕生　古代日本の国家プロジェクト――須田　勉
東大寺の考古学　よみがえる天平の大伽藍――鶴見泰寿
海底に眠る蒙古襲来　水中考古学の挑戦――池田榮史
よみがえる東北の城　考古学からみた中世城館――飯村　均
中世かわらけ物語　もっとも身近な日用品の考古学――中井淳史
ものがたる近世琉球　喫煙・園芸・豚飼育の考古学――石井龍太

古代史

邪馬台国の滅亡　大和王権の征服戦争――若井敏明
日本語の誕生　古代の文字と表記――沖森卓也
日本国号の歴史――小林敏男
日本神話を語ろう　イザナキ・イザナミの物語――中村修也
六国史以前　日本書紀への道のり――関根　淳
東アジアの日本書紀　歴史書の誕生――遠藤慶太
〈聖徳太子〉の誕生――大山誠一
倭国と渡来人　交錯する「内」と「外」――田中史生
大和の豪族と渡来人　葛城・蘇我氏と大伴・物部氏――加藤謙吉
物部氏　古代氏族の起源と盛衰――篠川　賢
東アジアからみた「大化改新」――仁藤敦史
よみがえる古代山城　国際戦争と防衛ライン――向井一雄
よみがえる古代の港　古地形を復元する――石村　智
古代氏族の系図を読み解く――鈴木正信
古代豪族と武士の誕生――森　公章
飛鳥の宮と藤原京　よみがえる古代王宮――林部　均
出雲国誕生――大橋泰夫
古代出雲――前田晴人
古代の皇位継承　天武系皇統は実在したか――遠山美都男
壬申の乱を読み解く――早川万年
苦悩の覇者　天武天皇　専制君主と下級官僚――虎尾達哉
戸籍が語る古代の家族――今津勝紀
古代の人・ひと・ヒト　名前と身体から歴史を探る――三宅和朗
疫病の古代史　天災、人災、そして――本庄総子
万葉集と古代史――直木孝次郎
郡司と天皇　地方豪族と古代国家――磐下　徹
地方官人たちの古代史　律令国家を支えた人びと――中村順昭
采女　なぞの古代女性　地方からやってきた女官たち――伊集院葉子
古代の都はどうつくられたか　中国・日本・朝鮮・渤海――吉田　歓
平城京に暮らす　天平びとの泣き笑い――馬場　基
平城京の住宅事情　貴族はどこに住んだのか――近江俊秀

歴史文化ライブラリー

中世史

歴史文化ライブラリー

武田一族の中世——西川広平
相馬一族の中世——岡田清一
三浦一族の中世——高橋秀樹
伊達一族の中世 「独眼龍」以前——伊藤喜良
弓矢と刀剣 中世合戦の実像——近藤好和
その後の東国武士団 源平合戦以後——関　幸彦
鎌倉浄土教の先駆者 法然——中井真孝
親　鸞——平松令三
親鸞と歎異抄——今井雅晴
畜生・餓鬼・地獄の中世仏教史 因果応報と悪道——生駒哲郎
神や仏に出会う時 中世びとの信仰と絆——大喜直彦
神仏と中世人 宗教をめぐるホンネとタテマエ——衣川　仁
鎌倉幕府の滅亡——細川重男
足利尊氏と直義 京の夢、鎌倉の夢——峰岸純夫
高　師直 室町新秩序の創造者——亀田俊和
新田一族の中世 「武家の棟梁」への道——田中大喜
皇位継承の中世史 血統をめぐる政治と内乱——佐伯智広
地獄を二度も見た天皇 光厳院——飯倉晴武
南朝の真実 忠臣という幻想——亀田俊和
信濃国の南北朝内乱 悪党と八〇年のカオス——櫻井　彦

中世の巨大地震——矢田俊文
大飢饉、室町社会を襲う！——清水克行
中世の富と権力 寄進する人びと——湯浅治久
中世は核家族だったのか 民衆の暮らしと生き方——西谷正浩
中世武士の城——齋藤慎一
戦国の城の一生 つくる・壊す・蘇る——竹井英文
九州戦国城郭史 大名・国衆たちの築城記——岡寺　良
戦国期小田原城の正体 「難攻不落」と呼ばれる理由——佐々木健策
上杉謙信の本音 関東支配の理想と現実——池　享
徳川家康と武田氏 信玄・勝頼との十四年戦争——本多隆成
戦国大名毛利家の英才教育 元就・隆元・輝元と妻たち——五條小枝子
戦国大名の兵粮事情——久保健一郎
戦国時代の足利将軍——山田康弘
足利将軍と御三家 吉良・石橋・渋川氏——谷口雄太
〈武家の王〉足利氏 戦国大名と足利的秩序——谷口雄太
室町将軍の御台所 日野康子・重子・富子——田端泰子
名前と権力の中世史 室町将軍の朝廷戦略——水野智之
摂関家の中世 藤原道長から豊臣秀吉まで——樋口健太郎
戦国貴族の生き残り戦略——岡野友彦
鉄砲と戦国合戦——宇田川武久

歴史文化ライブラリー

歴史文化ライブラリー

江戸の捨て子たち その肖像——沢山美果子
江戸時代の医師修業 学問・学統・遊学——海原 亮
踏絵を踏んだキリシタン——安高啓明
墓石が語る江戸時代 大名・庶民の墓事情——関根達人
石に刻まれた江戸時代 無縁・遊女・北前船——関根達人
近世の仏教 華ひらく思想と文化——末木文美士
住職たちの経営戦略 近世寺院の苦しい財布事情——田中洋平
伊勢参宮文化と街道の人びと ケガレ意識と不埒者の江戸時代——塚本 明
吉田松陰の生涯 猪突猛進の三〇年——米原 謙
松陰の本棚 幕末志士たちの読書ネットワーク——桐原健真
龍馬暗殺——桐野作人
日本の開国と多摩 生糸・農兵・武州一揆——藤田 覚
幕末の海軍 明治維新への航跡——神谷大介
海辺を行き交うお触れ書き 浦触の語る徳川情報網——水本邦彦
〈ロシア〉が変えた江戸時代 世界認識の転換と近代の序章——岩﨑奈緒子
江戸の海外情報ネットワーク——岩下哲典

近・現代史

江戸無血開城 本当の功労者は誰か?——岩下哲典
五稜郭の戦い 蝦夷地の終焉——菊池勇夫
水戸学と明治維新——吉田俊純
大久保利通と明治維新——佐々木 克
刀の明治維新 「帯刀」は武士の特権か?——尾脇秀和
京都に残った公家たち 華族の近代——刑部芳則
〈染織の都〉京都の挑戦 革新と伝統——北野裕子
大久保利通と東アジア 国家構想と外交戦略——勝田政治
名言・失言の近現代史 上 一八六八—一九四五——村瀬信一
皇居の近現代史 開かれた皇室像の誕生——河西秀哉
日本赤十字社と皇室 博愛か報国か——小菅信子
リーダーたちの日清戦争——佐々木雄一
陸軍参謀 川上操六 日清戦争の作戦指導者——大澤博明
軍港都市の一五〇年 横須賀・呉・佐世保・舞鶴——上杉和央
〈軍港都市〉横須賀 軍隊と共生する街——高村聰史
第一次世界大戦と日本参戦 揺らぐ日英同盟と日独の攻防——飯倉 章
日本酒の近現代史 酒造地の誕生——鈴木芳行
温泉旅行の近現代——高柳友彦
失業と救済の近代史——加瀬和俊
難民たちの日中戦争 戦火に奪われた日常——芳井研一
昭和天皇とスポーツ 〈玉体〉の近代史——坂上康博
昭和陸軍と政治 「統帥権」というジレンマ——高杉洋平
松岡洋右と日米開戦 大衆政治家の功と罪——服部 聡

歴史文化ライブラリー